www.ingramcontent.com/pod-product-compliance
Lightning Source LLC
Chambersburg PA
CBHW022011160426
43197CB00007B/378

MEENA AW MANANA

WRITTEN BY **KARAN KHAN**

TBG PUBLISHING GROUP AND

HUND INTERNATIONAL PUBLISHING

LOS ANGELES, CALIFORNIA

2020

COPYRIGHT © 2020 BY KARAN KHAN

All rights reserved. This book or any portion thereof may not be reproduced or used in any manner whatsoever without the express written permission of the publisher except for the use of brief quotations in a book review or scholarly journal.

FIRST PRINTING: 2020

ISBN: 978-1-970049-98-5

PUBLISHING EDITOR: IZHAR MANZOOR

TBG PUBLISHING GROUP AND HUND INTERNATIONAL PUBLISHING
LOS ANGELES, CALIFORNIA
PRINTED IN THE UNITED STATES OF AMERICA

مینه او مننه

لیکوال: کرن خان

بسم الله الرحمن الرحيم

ډالۍ

د هنر باچا هارون باچا جي، ګران ورور ډاکټر
محمد اسرار اتل، مشر ورور سليم صافي او
ورسره تمام انسانيت ته

کرن

تړون

د فخر افغان خان عبدالغفارخان (باچاخان بابا) په
نوم

ما په دې خوار ژوندون کې دغه يو مقام ټاکلی
ځان نه غريب ته ښه او ښه ته هډو گورمه نه

مننه

د نړۍ د هرې مور او پلار ، بيا د خپلې ببو ، او
داجي د خپلو ورونو ، خويندو ، کورنۍ ، استادانو ، ملگرو ،
دوستانو ، ټولگيوالو ، مينه والو ، مئينانو ، خبريالانو ،
هنري او ادبي ملگرو ، پوهانو ملگرو او د ټولو پښتنو سره
سره د دې کتاب لوستونکيو

کرن

اوس دې په غېږ کې هغه شور نشته دی، زور نشته دی
څه وشو یاره که وطن مې نشته، کور نشته دی

جمعه، ۱٤، ۱۲، ۲۰۱۲ء

زه په خلکو خفه کېږم، زه له خلکو خفه کېږم
اې زه هره ورځ مړ کېږم، هره شپه راژوندی کېږم

زړه داسې شی دی چې خفګان پېژني
دغه خفګان میرات جانان پېژني

د چا په نوم چې سیاست روان دی
په دوي کې څوک باچاخان پېژني

مونږه خپل ورور عزیز ونه پېژندو
شین سترګي خپل پاتې بُتان پېژني

په یو کېدو پښتون ته ځان بد ښکاري
نور هر سړی، ګټه تاوان پېژني

د عام اولس نه دې څوک وکړي تپوس
نه څوک روښان نه خوشال خان پېژني

یه خدایه! شکر دی، ستا ډېر ډېر شکر
په سلو کې مې، لس کسان پېژني

د دنیا ټولو مرغو وکړو ارمان
انسان به کله بل انسان پېژني

●●●

زه او جانان یو
په یو بل ګران یو

که لرې لاړ شو
د ژوند ملیان یو

خلک په ځان دي
مونږ د جهان یو

غم او راحت کې
ښه په لړزان یو

په مونږ تاوان شه
په تا تاوان یو

يـــا نـــه پـــو هېږو
يـــا ســـاده ګـــان يـــو

كلـــه خاموشـــه
كلـــه طوطيـــان يـــو

شـــكر پـــه دي دی
چـــې شـــاعران يـــو

پـه چـا بـه ګـران خـو !
پـــه چـــا ارزان يـــو

بـس چـې ژونـدي يـو
پـــه امتحـــان يـــو

زمـــا ارمانـــه !
ستـا پـه ارمـان يـو
●●●

زه چې ستا نه جدا کېږم، زور به اخلم
اې چې هر چرته او سېږم، زور به اخلم

هېرېده او ستا؟ دا سوال نه پېدا کېږي
خو له تا نه چې هېرېږم، زور به اخلم

د ظالمو نه د هر چا ویره کېږي
خو د ځان نه چې وېرېږم، زور به اخلم

په تش سوچ د جدایۍ مې داسې حال دی
چې غورځېږمه پاڅېږم، زور به اخلم

بې له تا کلي کې څه دي، اختر څه کړم؟
بس په دې باندې پوهېږم، زور به اخلم

ستا ارمان زما ارمان او زما ستا دی
چې بېلېږم نو غوځېږم، زور به اخلم

د اتوار ورځ، ۱۱:۱۲ بجې، پېښور ښار

پښتون یم، ښکلی یم، منم خو زورور نه یمه
پوټي پوټي، ذرې ذرې یمه د شر نه یمه

ما په اسانه په یو څو ټکو کې مه نغاړه
دومره اسان نه یمه دومره مختصر نه یمه[1]

دومره غمونو دومره سختو ته به څنګه ټینګ شم؟
زه خو انسان یمه د ګټې بُت یا غر نه یمه

زما قسم دې وي په روح د پښتنو بې وسې
بې هنر یمه، بې تعلیم یم خو ترهګر نه یمه

زما جانان جانان وطنه! تا ته څه ډالۍ کړم؟
زه مسافر یم د خپل مور پلاره خبر نه یمه

---

[1]: څه په اسانه دې یو څو ټکو کښې ونغښتمه
دومره اسان نه ومه دومره مختصر نه ومه
رحمت شاه سایل

د موسمونو د خوندونو نه به څه خبر شم
په ملاکنډ، کابل، خیبر او پېښور نه یمه

ما په تیاره کې ژوند کوؤ خو د رڼا په هیله
خوږ شوی یم لویېدلی یم، ژاړم منکر نه یمه

یو سوال کوم دا مې ارمان دی تاسو وایئ آمین
ما دې خدای واخلي که غمخور د لر او بر نه یمه
سحر ۵:۳۰ بجې، پېښور، د گل ورځ، ۸، ۲، ۲۰۱۵ء

درد تېرومه په خپل زړه خو هسې ژاړمه نه
هر څه ترې غواړم، رب مې خپل دی، تا ترې غواړمه نه

زه ستا د پاک وطن نه لرې څه چې ډېر لرې یم
ځان رانغاړلی شم، خو کډه لا رانغاړمه نه

●●●

یاران به درته ناست وي انتظار به دې کوي
خواران به درته ناست وي انتظار به دې کوي

په هیڅ مه پخلا کېږه خو بس دومره قدرې واوره
چې خان به درته ناست وي انتظار به دې کوي

خــدای خــو دې دغســـې ودان ســـاته
حجــره ژونــدۍ ســـاته یــاران ســـاته

خلکـو باچـا کـړې چـې وطـن جـوړ شـي
تــه ځــان پــوره او وطــن وران ســـاته

چـې یـو کـوزېږي بـل تـه دا وایـي
دا پښـــتانه تــول پــه لـــړزان ســـاته

د کلــــي خانـــه ! مشـــوره درکـــړم؟
هســـې پـــه خیـــال کـــې یتیمـــان ســـاته

دا اوســـــنی سیاســـت نـــه یـــادوم
خـــو عقیـــده پـــه باچـــا خـــان ســـاته

چـي مـونځ کـوې درنـه پـېزار پـټ کـړي
خـدای دې لـه داسـې مسـلمان سـاته

بـس کـه ټوپـک کېـده قلـم واخلـه
پـه سـینه نبـه کتـاب جانـان سـاته

خانـه ! کـه تـه د ژونـد رنـا غـواړې
نـو د نبـه وخـت زړه کـې ارمـان سـاته

سحر ۵:۰۰ بجې، د زیارت ورځ، سوات، ۲۸، ۵، ۲۰۱۵ء

وریځې چې خفه شي نو باران پسې راځي
غمونه چې شي د پر زړا ، خفګان پسې راځي

یادونو ازمرو راګېره کړې یو هوسۍ
بې وسه یم خندا راله په ځان پسې راځي

زما د مرګ نه پس به ته خفه یې او که نه؟
د غم نه پس ښادي په هر انسان پسې راځي

چې مینه پکې وي ویرېږه مه له هغه کس
چې کرکه چا کې د پره وي شیطان پسې راځي

یو څوک دي چې په زړه کې یې ساتمه لکه درد
ارمان ارمان ارمان ارمان ارمان پسې راځي

۲۰۱۵/۲/۱۰ء، سحر ۳:۴۳ ، پېښور ښار

ما چې کله هم څوک ازمیئلي دي
هغه خلک تول پاتې راغلي دي

ته به په اوقاتو کې اوسېږې خو
مانه خو اوقات هم وخت ترورلي دي

وَس مې نه لرو تا ته مې نه وې خو
ډېر ډېر مې پر تا پسې ژړلي دي

تا له د خندا بهانې ګورمه
خپله خو مې هر، هر څه بايللي دي

منم چې ښه، ښه وي او بد، بد منم
هغه څه رېبم چې مې کرلي دي

خپله به هم ژاړي، هاغه څوک ګوري
چا چې هم د چا بچي وژلي دي

زه چې به یې په وخت او ده کولمه
هغه ټول عکسونه مې سېځلي دي

حج او عمره دا سې مې ادا کړه چې
ما د مور او پلار مخ ته کتلي دي

چا چې به په امن پسې سر ماتوو
آبا چاخانیان له مینځه تللي دي

څوک چې دا وطن بد رنګوي غرق شه
خولې نه مې ښېرې د مور وتلي دي

ستا د هر ارمان، ارمان مې کړی دی
منم بلها زړونه مې ګټلي دي

سهار ۲:۰۵ بجې، د پنځمې ورځ، سوات، ۲۸، ۰۴، ۲۰۱۵ء

څوک به راځي جانانه
او څوک به ځي جانانه

یو غریبي جانانه
بل جدایي جانانه

لږه رڼا ته څو شه
واخله بنګړي جانانه

دا د ګرمۍ روژې او
مسافري جانانه

درته زاري نه کوم خو
غم دې ما خوري جانانه

اې راسره او سېږه
بس تر مرګي جانانه

ستا په ښایست ښایسته
زما ځواني جانانه

کابل چې هسې یاد کړم
زړه مې پړق چوي جانانه

که زړه دې وي نو راشه
ما درنه وړي جانانه

درسره بده ښکاري
بې وفایي جانانه

څنګ په چل ول دې خپل کړم
پردي پردي جانانه

د نن نه پس به کوو
باچاخاني جانانه

دا په تا څه شوي دي؟
یه پخواني جانانه

ما به بې ځایه مړ کړي
ستا خاموشي جانانه

مونږ د انسان له ویرې
ساتلي سپي جانانه

په ماهیپر، ملاکنډ
به شي سپرلي جانانه

چې پښتون خپل کړي کتاب
نو جنګ ګټي جانانه

څنګه به ټول راټول شي؟
دا لیوني جانانه

مالـــــه واپــــس پکــــارده
زمـــــا خــــاني جانانـــــه

بـــــی تــــا جهــــان راتــــه دی
خــــالي خــــالي جانانـــــه

د ژونـــــد پـــــه هـــــره لاره
یـــــم تــــاواني جانانـــــه

بــــس کــــه نــــو بــــس کــــه کنــــه
دا ځــــان ځــــاني جانانـــــه

اوس خلکـــــو وپېژنـــــدم
مهربـــــاني جانانـــــه

ارمـــــان مــــي دا دی چــــې تــــا
کـــــړم ارمـــــاني جانانـــــه

د زیارت ورځ، د شپې ۲:۳۷ بجې، ۲۸. ۵. ۲۰۱۵ء، سوات

دا ځلـــــې چـــې راشـــــمه
ســـوال کـــوه چـــې ســـتا شـــمه

کلــــه کلــــه ســــوچ کــــوم
زه بـــــه هــــم فنــــا شـــــمه

وژاړمـــــــــــــــــــه وژاړم
ســـــتړی پـــــه ژړا شــــمه

درد چـــې لیـــونی مـــې کـــړي
هســــې پــــه خنــــدا شـــمه

ځان ته به ښېرې وکم
تا ته په دعا شمه

زړه کلک کړم چې ویم ورته
ویلو کې خطا شمه

تا ته به یاد یږم نه؟
سر چې په صحرا شمه

خپله په تیاره ښه یم
بل ته به رڼا شمه

ځان به خپل ارمان مړ کړي
زه به پرې ګوا شمه

سحر ۵:۴۸، سوات، د شورو ورځ، ۲۶،۵،۲۰۱۵

یو څه خو شته جګر که ! چې ما تاته نه پرېدي
یو څه خو شته ما تا ته او تا ماته نه پرېدي

یو کس وو په تیاره کې یې رڼا ځان له پیدا کړه
دا خلک هغه کس هغې رڼا ته نه پرېدي

ما سوچ هم نه وو کړی چې به تا د لاسه ورکړم
ما وې چې لېوني به څوک صحرا ته نه پرېدي؟

اوس پوهه شومه اوس مې عقل ورو ورو کار شروع کړ
ژړا کې یې خوښېږم ما خندا ته نه پرېدي

یو وخت به داسې هم راشي پښتونه ! او ده اوسه
چې خپل سکه بچي به خپل دادا ته نه پرېدي

ارمانه ! چې زه مړ شمه نو بیا به هم ژوندی یم
یو څوک به تا له راشي تا به چا ته نه پرېدي

سوات، د شپې ۳:۲۳ بجې، ۲۷،۰۵،۲۰۱۵

خفه یمه د ډېرې مجبورۍ نه درته ژاړم
قسم دی که د غم یا د ښادۍ نه درته ژاړم

په خپل وطن کې ورک یمه د خپل کلي او کوره
یه خدایه! د اوږدې مسافرۍ نه درته ژاړم

ته څرته یې جانانه! ته زما نه څه خبرېږې؟
په لوی افغانستان کې د کرغېې نه درته ژاړم

لمونځ ځانله کوم ربه! خو دعا وطن له غواړم
په نیمو نیمو شپو د بدامنۍ نه درته ژاړم

دا خاوره زمونږ مور ده او ارمان مې د مور غېږه
یو خوب دی خوږ دی خوب د بې خوبۍ نه درته ژاړم
اتوار، ۱۳، ۰۱، ۲۰۱۳ء

خان یمه خاني مې لا په سر ده نو
ستاسو د ښمني مې لا په سر ده نو

هغه وشو دا وشو دا ته څه وی؟
لویه ربنتیني مې لا په سر ده نو

تنګ شو مه په جنګ به شم او ځم به تري
منم ځان ځاني مې لا په سر ده نو

ما لکه یوسف کوهي ته کوز کړئ خپر
ورونو ! قرباني مې لا په سر ده نو

ستا په لمونځ روژه به خدای تا بخښي؟
دغه حیراني مې لا په سر ده نو

ستا ګناه ثواب، زما ثواب ګناه
برخه اسماني مې لا په سر ده نو

مینه پکې ګرانه او نفرت و پړیا
دغه ارزاني مې لا په سر ده نو

ساز ته پکې غل او سپین په تور بلو
دا مسلماني مې لا په سر ده نو

مور ته به دې یاد کړم، ته سمېږې نه
ستا دا شیطاني مې لا په سر ده نو

۴:۱۰ بجې، ۱۲، ۲، ۲۰۱۳ء

شکر دی شکر دی اشنا چې درسره نه شومه
تا ډېر څه ووې، زه هر څه شوم خو خفه نه شومه

دا د سحره پورې شپه یواځې څنګ تېره کړم
مینه مې وکړه خو دمه نه شوم، ویده نه شومه

زما نه هر څوک خفه کېږي، ما هر څوک ژړوي
زه هم انسان یم خو د چا د زړه ټوکړه نه شومه

چاپېره خلک وو په سترګو کې خبرې کېدې
کیسې مې واورېدې خو زه هډو کیسه نه شومه

●●●

په موده پس مې غېږ د يار واورېدو
اې ! ما قربان او يکه زار واورېدو

زما زخمي زړه ته ټکور راغی
چې ستا د خولې نه مې انکار واورېدو

که دوي په تا پسې جرګه نه درتله؟
قسم په خدای که مې بيا پلار واورېدو

بس يو ته پاتې وې ته هم ووايه
نور خو والله چې مې ټول ښار واورېدو

ستا ناڅاپي راتګ له څه نوم ورکړم
دشت کې مې زېرى د بهار واورېدو

د دې واکمنـو نــه يـې ســر ټکــوو
مـا خپـل پـردی روغ او بيمـار واورېـدو

امــن بــه راولــي خــو مــا بــه پــرې كــړي
مــا دا فريــاد د يــو چنــار واورېــدو

معيـار يـې خوښ وو خـو خبـر تـرې نـه وو
عمـر لـه مـونږ داسـې فنكـار واورېـدو

د كــابلي رومــال كيســه يــې وكــړه
اتـل صـيب ! مـا هغـه ټوكمـار واورېـدو

چــې چرتــه هــم د ښــكلو ذكــر وشــو
مــا پكــې نــوم د كنــدهار واورېــدو

تــه بــه ارمــان وكــړې خــو زه بــه نــه يــم
شـې بـه هوښـيار خو كـه دې خوار واورېدو
منګل، ۷:۰۵ بجې، ۲۴، ۹، ۲۰۱۳ء

ستا د سحرې سلام
لکه احسان په غلام

خبرې ختمې بنه دي
ځان سره یم هم کلام
دومره رالوی شومه خو
نه مې خوب شته نه ارام
درد وي که غم که سخته
دا واړه دي ستا انعام
قافیې سترګې لرې
بیا هم کومه ناکام
ستا څه زما په نامه
زما هر څه ستا په نام
شکر په دې ډېر شکر
خپله دې کړمه نیلام

غزل دې خوښ نه شولو
ولې ارمان کړې د جام
●●●

ژوند به مې رنګا شي خو په خوب کې به ویرېږمه
خوب به راله راشي خو په خوب کې به ویرېږمه

زه د خپل بچي دې ناروغتیا سم خفه کړی یم
شپه خو به سبا شي خو په خوب کې به ویرېږمه

کړی دیدن شماره او زیاده یې هم حساب به کوو
زړه به مې صفا شي خو په خوب کې به ویرېږمه

زه لا څنګ انسان یم ستا نفرت سره هم مینه کړم
هر څه به زما شي خو په خوب کې به ویرېږمه

●●●

يــو بــاران، بلــه يخنــي او انتظــار
شپه مې ستږګو کې کړه تېره، شو سهار

د انســان لپــاره دومــره پېغــور بــس دی
چــې رانــه شــي دی د بــل انســان پکــار

مرغــۍ مــه ولــه ښــېرې بــه يــې بچــي کړي
اور دې پورې شي په غوښو ستا د ښکار

بلها خلک دعوه کئ چې زه يې خوښ يم
نه مې کلي کې څوک خپل شته نه په ښار

لوی سړی يم خو چې اوس هم لږ خفه شم
يوه مور مې په سر لاس رانښکي چې ځار

يوې پېغلې راته وې چې ژوندون څه دی؟
مــا وې غــم، ښــادي يــا روغ او يــا بيمــار

يو ارمان وو په ارمان ارمان يې لوی کړم
پــه ارمــان د نــادانۍ شــو مه هوښــيار

۰۲، ۰۵، ۲۰۱۱ء

پـــه زړه مـــې غـــم دی
یـــاره ! خـــوب کـــم[1] دی

ستـــا بـــه وي خـــوبښ خـــو
زمـــــا صـــــنم دی

پـــه مـــا یـــې کـــړی
هـــر رنـــګ ستـــم دی

ټوپـــک ټوپـــک دی او
قلـــــم قلـــــم دی

[1]: کوم

واک مې پردی دی
ژوند جهنم دی

زخم ته ګوره
دغه مرهم دی

کلي ته راشه
ښکلی موسم دی

هر څه بلها دي
نصیب مې کم دی

بیا جوړ خطا شوم
دا څنګ قسم دی؟

پلار مې کړلی
هر ځای شرشم دی

●●●

(د فخر افغان باچا خان بابا په نوم)

څوک چې سم وو هغه سم دي محترم دي
خو افسوس چې محترم دي سم دي کم دي

د بارودو او د وینو خوند پکې دی
زمونږ کلي کې څه بل شانتې غنم دي

نور قومونه بره وختل اسمان ته
پښتانه په ځمکه خپلو کې اړم دي

پښتانه ماشومان بوږ، بلا نه تتنگ وو
او اوس خلک حیران کړي څه دي؟ بم دي

په نیم سر مې درد دی نوم مې هم پرېوتی
عقیدې مو د روښانې ترور په دم دي

انسانانو نه ده ورانه ګنې نور خو
ښه او بد ، ښکلي بد رنگ ټول د آدم دي

یوه ډله به زمونږ نه وطن اخلي؟؟
ولې؟ څوک ېې کړې شوې د ایلم دي؟؟

ځپل ارمان راته یو داسې غم بخښلی
چې غمونه مې د غم سره په غم دي

سهار ۷:۵۵ بجې، ۱۹. ۰۲. ۲۰۱۵ء، پېښور ښار

لـــړه مســـــتي پکـــــار ده
او موســــــیقي پکــــــار ده

پــــه زړه کـــې رحـــم ښـــه دی
پــــه خولــــه ســـختي پکـــار ده

مینـــه هـــر څـــوک غـــواړي خـــو
مـــونږ لــــه بېخـــي پکـــار ده

رب دې خوشـــــحاله ســــاته
بـــس خوشـــحالي پکـــــار ده

لکـــه ښایســـته د نـــګ چنـــار
داســـــې ځـــواني پکــــــار ده

د ژونـــد ســـندره ګرانـــــې !
ښــــه رومــــاني پکــــــار ده

په ټول وطن کې ټپه
د پسرلي پکار ده

د امنیت لپاره
لړه خواري پکار ده

په خوږو رحم کوه
ورور ته زاري پکار ده

د مور او پلار په مخکې
ښه عاجزي پکار ده

کابل ته کله به ځو
مړه تادي پکار ده

خدای پیدا کړي ښکلي
پرې شاعري پکار ده

اوس دې د هر غم سره
پخه یاري پکار ده

سپوږمۍ ته شپې رڼوم
چرته چې وي پکار ده

ستا به پېزوان وشي خو
مسافري پکار ده

وره ښایسته شان تېکه
ستا په تندي پکار ده

کور مې را یاد شو صېبه !
ماله چوتې پکار ده

ارمانه ! ستا به شمه
خو زندګي پکار ده

●●●

چې خفه رانه جانان وي
نو په هغه شپه باران وي

ما یواځې ښار کې پرېدي
خلک کلي ته روان وي

په روژه په اختر نه یم
خو چې مینه ژوند اسان وي

د باران څاڅکو ته ګورم
خدای ګو څوک هېرول ګران وي

د سوات غرونه داسې ژاړي
لکه دوي چې ماشومان وي

هر یو ښکلی په ما ګران دی
د کابل که د لغمان وي

که ارمان مې پوره کېږي
ستا ارمان به مې ارمان وي

۲۱ اپریل ۲۰۱۲ء

راځه چې لږ حساب وکړو چې چا کې مینه ډېره ده
تا کې مینه ډېره ده که ما کې مینه ډېره ده

نیم نیم به تو ییږمه خو تا ته به یاد یږمه
اوس خو ستا لپاره په دنیا کې مینه ډېره ده

هاغه وخت دې یاد شي، ستا څوک هم نه وو یواځې وې
خانده خانده، په خندا کې مینه ډېره ده

هر فنکار چې اورم وایي لوی افغانستان ښه دی
چا ونه وې دا چې، پښتونخوا کې مینه ډېره ده

ځان دې ترې رانغښتی، کله مور او کله پلار کنځې
سم شه نو په خور، مور او دادا کې مینه ډېره ده

ژوند چې غواړي مړه شي او د مرګ لایقان ژوند کوي
لوی دروغژن هم وایي چې رښتیا کې مینه ډېره ده

●●●

ټولـــه شـــپه ژاړمـــه ســـحر تـــه اوده کیږمـــه زه
زمـــا پـــه زړه میـــرات پخپلـــه نـــه پوهیږمـــه زه

"بلهـا مـوده وشـوه چـې مـور مـې اوده شـوې نـه ده
مـــا ورتـــه یـــو ځلـــې ویلـــې و چـــې ویرېږمـــه زه "[1]

[1]: ایک مدت سے میری ماں نہیں سوئی تابش + میں نے ایک بار کہا تھا مجھے ڈر لگتا ہے

زه پکې خوار یم، پلار مې خوار وو، نه دا نه منمه
اې دا دی خوړ وطن پرېدمه روانېږمه زه

په هر اختر کې کور، خپلوان، یاران، وطن ژاړم
څنګ چې مې یاد یئ، داسې تاسو ته یادېږمه زه؟

پوزه مې پرې که خو په مخ څپېړې مه راکوه
زه پلار ساتلی نازولی یم خوږېږمه زه

وجود مې دروند شي، رڼا ورځ راباندې توره شپه شي
په بورجلونو دې تېرېږمه، رالوېږمه زه

تا زه بخښلی یم، خفه هم نه یې خو ژوند داسې دی
د خپلو کړو قسمونو نه شرمېږمه زه

ارمانه! وایه تا په کومه لار ایسار نه کړمه؟
ژوند مې دلاسه وځي نور که ایسارېږمه زه
۲۷. ۴. ۲۰۱۴ء، پېښور

په بعضې تکو سرې پوهه نه شي
لکه په ژوند چې ژوندی پوهه نه شي

دی، نه اولاد لري، نه غم پېژني
زما په درد به ګوری پوهه نه شي
د ده خبره به د ده سره کوم
په دې خبره به، دی پوهه نه شي
لر رابښکاره شي او واپس وتښتي
لکه راتګ کې سپرلی پوهه نه شي
بیا یې وړو ته ګډوي په ښار کې
چې په ځنګل کې زمری پوهه نه شي
څه ترکیبونه کوي اغوندي یې
اخر په لاس شي بنګړی پوهه نه شي
رښا نه لرې څه چې ډېر لرې شي
په نصیحت چې بچی پوهه نه شي

زما ارمانه! بس ارمان پاتې شوې
سترګې ترخې کړې لوګی پوهه نه شي
جمعرات، ۱۰، ۲، ۲۰۱۴ء، پېښور صدر

څه یاران زما په برخه
څه ماران زما په برخه

زمکې ! تا راله څه راکړه
چې اسمان زما په برخه

ستا سو جنګ کې همېشه
څیرې ګرېوان زما په برخه

*

د غمونو د دردونو
ډک جانان زما په برخه

پښتنو مسلمانانو
کې هندوان زما په برخه

لېوني خو لېوني دي
ټول یو شان زما په برخه

د نړۍ لغړ سوغړ ټول
ماشومان زما په برخه

فرښتې ترې خلکو بوتلې
حېوانان زما په برخه

دا بې علمه او بې هنره
مشران زما په برخه

ګټه ستا ده ګټه ستا سو
او تاوان زما په برخه

په قربان قربان قربان شوم
یه قربان زما په برخه

انسانانو کې موندلي
مې پېریان زما په برخه

د بارودو د لوګو دي
لوی باران زما په برخه

پسرلو را سره ورانه
دي خزان زما په برخه

بې ایمانه ټول را ټول دي
په ایمان زما په برخه

هاي ارمان ارمان ارمانه!
ستا ارمان زما په برخه

پېر، ۱۴، ۷، ۲۰۱۴ء، پېښور صدر

مرۍ مې غوټه شوې ورکه شوې رانه لاره
څه وو ایم څه ولیکم حیران یم ننګرهاره

چې هر څوک شهیدان دي جنتیان دي خدای بخښلي
دا پاتې پښتانه رالـه ساته پروردګاره

تر څو چې پښتانه په حقیقت کې یو ځای نشي
ختمېږي به ورکېږي به سره د مور او پلاره

ظالمه ! ستا به هم چرته څوک وي په تا به ګران وي
د هغه ګران لپاره مونږه پرېږده په قلاره

ارمان پېښور، کوټه، ننګرهار سوات او وطنه
راتوی شوه اوښکه توی شوه که مې د پره کړه ایساره

د خالي ورځ، ۴:۲۲ بجې، ۱۸، ۰۴، ۲۰۱۵ء، پېښور

ماسره څه دي تاله څه درکړمه
دا خو به ګرانه شي چې زړه درکړمه

راځه چې ووځو د دنیا بازار ته
چې زر زر مړ شې، چې او به درکړمه

قاصده ! وایه ورته مه، خو یوسه
د خط په ځای به خپل رانجه درکړمه

خفه په دې نه یم، چې تا پرېښودم
خفه په دې یم چې هر څه درکړمه

بیا به مئین ته هیڅوک ښه نه وایي
زړه چې داغونه درله ښه درکړمه

د خپل ارمان په ژوند ویرېږم خلکه !
تاله به څنګه حوصله درکمه

●●●

تـوره تیـاره ده ځـان مـې ځـان تـه اوازونـه کـوي
یـو څـه خـو دي مـا پـاڅوي خلـک خوبونـه کـوي

مـا چـې پـه کـوم سـحر لـه تـا نـه ځـان جدا ګڼلی
پـه هغـه ورځ خـدای بـاران نـه بارانونـه کـوي

چا چې په شعر کې مینه راوړه او په ساز کې امن
نیمې نه زیات خلک په هغه پیر شکونه کوي

پخپلـه ده بـه د دروغـو مینـه کـړې وي نـو
څـوک چـې مئینـو لـه د صـبر تعویذونـه کـوي

زه جوړې ډ ېر زیات ګناهګار یمه چې نه ښه کېږم؟
ډ ېر خلک شته راله دعا کوي، نفلونه کوي

دلته ډ ېر څه کېږي روا دي، دلته څه نه کېږي
خلک بې وخته اذانونه او لمونځونه کوي

پخوا به یو نیم تن کوو چرته یو واړې ازمېښت
اوس په مونږ هره ورځ او هر څوک ازمېښتونه کوي

اوس خو یو زه یم چې ارمان او ژړا دواړه کوم
یو وخت به راشي ما پسې به ارمانونه کوي

د زیارت سحر، اتلسمه روژه، ۱۷، ۷، ۲۰۱۴ء، پېښور صدر

اې ګرځې پسې هر وختې هنداره ده او که زه
په خدای به شي ملګرو ! هغه خواره ده او که زه

چې ختمه شوه تپه نو یه قربان یې که چې بیا شه
انګۍ انګۍ تنګۍ، دا تپه ماره ده او که زه

خبرې کوم، خبرې کړې، خبرې نه ختمېږي
خبر به شي چې دا ډېره هوښیاره ده او که زه

ته زیړه شوې، زه تور شومه، زړه سوزې درد یې پرېښې
یه خدایه ! نو چې دا ډېره بیماره ده او که زه

ارمان مو سره یو دی، ته وې بس ته ما ته ګوره
خندومه یې، ژړې مې دا فنکاره ده او که زه

د جمعې سحر، ۸، ۸، ۲۰۱۴ء، حیات اباد، فېز ۲، د
غلام یونس کور

په زړه مې غم وي غم وي غم وي ماله خوب نه راځي
بس چې لږ هم خفه صنم وي ماله خوب نه راځي

تا ته به هسې دروغ وو بم چې اوده شومه زه
نور په خدای مې دې قسم وي، ماله خوب نه راځي

زما د قام بچي پیسې په تماچو ورکوي
د خلکو لاسو کې قلم وي، ماله خوب نه راځي

مور مې قاربږي چې د شپې لږ شانتې خوب هم کوه
چې سترګې پټې کړم ماتم وي، ماله خوب نه راځي

خلک یاران ساتي، دوستان پالي، اخترې کوي
زمونږ یار مار او دوست لړم وي، ماله خوب نه راځي

د ننګرهاره خوب ځنګوم خو اوده کیږمه نه
بیا به پیاده تله په تورخم وي، ماله خوب نه راځي

منګل، ۵ بجې، ۳۰، ۹، ۲۰۱۴،

د خلکـو مینـې تـه حېـران پـاتې شـم
خدای خو دې وکړي چې انسان پاتې شم

ګران ګـران کارونـه يې پـه مـا اسـان کړه
اوس ګرانـه ده چې ورتـه ګران پـاتې شم

پـاتې کېـدو لـه بـه منـت غوښـتو مـا
اوس بـې تېوسـه شـم روان پـاتې شـم

د مینې څه چې د جنګ هم څوک نشته
ځانله کړم خیرې خپل ګرېوان پاتې شم

چـې لـړ پـه امـن او امـان پـاتې شـم
بیا دې خدای نه کړي چې د ځان پاتې شم

ارمـان ارمـان ارمـان ارمـان او ارمـان
ارمـان چې ستـا پـه زړه ارمـان پـاتې شـم
جمعه، ۳:۵۰ بجې، ۱۰، ۱۰، ۲۰۱۴ء، پېښور صدر

ژوند ته چې ما په کوم نظر کتلي
هغې نظر ته تا کمتر کتلي

ته چې کم ستوري نن په شپه کې وینې
ما پرون دا ستوري په لمر کتلي

ما له د ښو خوب په بده راکئ
خپل مئینان چې مې اکثر کتلي

ستا د رنا هډو په تمه نه یم
تولو تیارو ته مې ژور کتلي

۰۹، ۱۲، ۲۰۱۴ء، مانښام، پېښور صدر

تا تـه دې یـاده وي چـې زه بـه خـه کـړم
بـې لـه وزرو الوا تـه بـه خـه کـړم

د غنـي خـان بابـا آ شـعار دې یـاد دی؟
د بـدو بـد وي، خـه پـه ښـه بـه خـه کـړم
منگل، ۳، ۳، ۲۰۱۵ء، د موسیقۍ عالمي ورځ

روان ومـه پـه لاره، سـتا رومـال راسـره وو
خوشـحاله وم خـو غـم د نـوي کـال راسـره وو

"د تـورې لـه ټوپکـه چـې قلمـه پـورې تلـم
د قـام او د اولـس د بچـو خیـال راسـره وو"[1]

پښـتون ومـه، پښـتون یمـه، نـو څنگـه بـه ویرېږم
پـه یو وخت کـې، کمـال، جمـال، جـلال راسـره وو
●●●

[1]: د ډاکټر محمد اسرار اتل شعر.

لکه په وچو کې لامده وسوزي
"زما اکثره په ځان زړه وسوزي"

ژړا حل نه دی خو یو ډاډ پکې دی
په دې اوبو د مخ نه سره وسوزي

نن سبا داسې لوګړن ګرځمه
لکه ډوډۍ په تناره وسوزي

ته ما سېزې او زما دا مثال دی
لکه سکاره په دوباره وسوزي

زه د زړګي وینې په اوښکو سړوم
په اوبو څه رنګه اوبه وسوزي

زه هر ارمان لوځړه کړی یمه
مړه په ما کې به نور څه وسوزي

منګل، سحر ۴ بجې، ۱۲ د سمبر ۲۰۱۴ء، پېښور صدر

نن چې مړه دي ماشومان دوي به بیا راشي؟
پښتنو کې به د علم رڼا راشي؟

که یو څو ورځې قلاره قلاري وي
جرم هیڅ نه وي او لویه سزا راشي

یو افغان دی، یو پښتون دی، لېوني یې کړه
یو غم تم نه وي او بله بلا راشي

د ژړا اختیار یې هم له ما اخستی
په خندا پورې خو هسې خندا راشي

امن اوس د انسانانو وس کې نه دی
را به شي خو که پخپله الله راشي

بدھ، ۳:۳۶ بجې، ۱۷ دسمبر ۲۰۱۴ء، پېښور ښار

بیا دې په ژړا کړمه؟
ځان نه دې جدا کړمه

خلک له تیارو تښتي
زه خفه رڼا کړمه

دلته مې څوک نشته او
هر وخت دا دعا کړمه

زه خو داسې نه ومه
زه دا داسې چا کړمه

تا ســـره وفـــا کړمـــه
ځـــان ســـره جفـــا کړمـــه

تانـــه چـــې خفـــه شـــمه
خپلـــه ځـــان پخـــلا کړمـــه

ســـتا د انتظـــار خـــوږو
ځـــان ســـره لګیـــا کړمـــه

زه خـــو چـــې هـــر څـــه کـــوم
ستاســـو پـــه رضـــا کړمـــه

ژونـــد مـــې وربخښـــلی دی
مینـــه پـــه رښـــتیا کړمـــه

هســـې پـــه ارمـــان ارمـــان
شـــپه تـــوله ســـبا کړمـــه

●●●

څو مره ساده او څو مره ښکلی لکه ګل ګرځېدو
هغه اجل ته هم کتل به یې خندل ګرځېدو

چې ته مې ولیدې ردیف او قافیې پېدا شوې
د بړې مودې نه مې په خیال کې یو غزل ګرځېدو

یو زه سپېره وم، زه بدبخته وم، تا نبه وکاته
هغه ښایست وو په خپل ذات کې مکمل ګرځېدو

ما پسې غرونه لټ په لټ کړه، ښه وه وې مونده
خدای شته چې هسې مې په ذهن کې کابل ګرځېدو

"هغه د ښار په لنډو وتو لارو ښه خبر وو
هغه به تولـه ورځ روزګار پسې پېدل ګرځېدو "[1]

هغې د ټول کلي د مخې ښه په جار وويل
خبر ترې نه یم خو بېګاه دلته یو شل ګرځېدو

ژاړې به نه خو دا خبره به دې خوب تنبتوي
چې ستا په زړه کې وو او بیا هم لکه غل ګرځېدو

هر څه هغه دي، هغه نشته، دا منظر مې وژني
ارمان د کوتې نه نیولی وو، اتل ګرځېدو

●●●

[1]: د ډاکټر محمد اسرار اتل شعر

ته راته وواېه چې ما ولې ټپه ونه کړه
ځکه چې تا مې هم د مینې تذکره ونه کړه

بلها راغلو مېلمنو ته هر کلي مې ووې
ستا سو د کلي راته هیچا هم کیسه ونه کړه

د پېښور ښار کې په هر د ېوال اوس دا لیکمه
ته د کابله راغلې او مونږ کره دې شپه ونه کړه

ټول مئینان ورته راغونډ وو تماشې وې خلکه!
افسوس په دې چې هغه خپل یې تماشه ونه کړه

زما د پاره یې په زنه شینکي خال وهلی ؤ
زړه که مې ډېر غوښتل خو ما یې ننداره ونه کړه

ستا په ارمان کې او زما ارمان کې ډېر فرق دی
لوګی لوګی دې کړم خو ما هډو لمبه ونه کړه

د اتوار ورځ، ۲۸. ۲. ۲۰۰۹ء

دا یو څو ورځې مې د غېږې نه مزې واخله
زما د شونډو نه د خپل حسن کیسې واخله

دا پېښور به درته پرېږدمه، خو ژاړې به نه
تاسره تېرې چې شوې، دا رنګینې شپې واخله

۷، ۳، ۲۰۰۹ء، د جمعې ورځ

دلته د چا په چا اعتبار نشته
زما د سره هم څوک یار نشته

چې ستا د زنې خال ته ناست یم، ژوند کړم
زما سپېره هډو څه کار نشته

۳۱، ۳، ۲۰۰۹ء، د ګل ورځ

ستا په خبرو هسې وايمه خو مړ يم نه
ته مې اوده کړې او پخپله اوده کېږمه نه

داسې يو وخت وو چې بېخي به درنه نه هېرېدم
داسې يو وخت دی چې بېخي درته ياد يمه نه

چې ته په غم کې يې او ته پکې ژوند نه شې کوی
د خدای ظالمې! زه به څه رنګه ژړېږمه نه

د ځوانۍ وخته! که په پښو درله هم پرېوځمه
خو تا قسم کړی چې چاته ايسارېږمه نه

۲۰، ۱۰، ۲۰۱۳ء، دوبۍ شارجه

تا په ښکاره وژړل
ما پټ په زړه وژړل

ته درد پېدې په مینه
ما په هر څه وژړل

وخت د رخصت کې ښه وې
چې دواړو ښه وژړل

ما په لمانځه کې ژړل
تا په سجده وژړل

بیا به یو ځای شو که نه؟
تلو کې مو تله وژړل

پیر، ۱۴، ۱۰، ۲۰۱۳ء، دوبۍ ته د تلو په ورځ

په مینه کې د مینې امامت مې کړی نه وی
مئین وې سم مئین خو محبت مې کړی نه وی

ما تو له شپه د یار ستر ګو ته تېره کړه نشه شوم
افسوس د دغو ستر ګو عبادت مې کړی نه وی

●●●

ستا د تلو په شانتې تله چې چرته وینم
تول رپېږم لکه غله چې چرته وینم

وایم چې ښکته شم او ښکل یې کړم په مینه
دا خاپونه ستا د پله چې چرته وینم

●●●

څه بلها کیسې بلها خبرې به مې هېرې شي
داسې وخت به راشي چې سندرې به مې هېرې شي

دومره وخت ته وایه چې د امن د کوترې
ځنګه هغه ماتې پښې وزرې به مې هېرې شي

ګرانه ده چې چرته یې ځواب هم راپیدا کړمه
ګرانه ده چې ستا سترګې سوالګرې به مې هېرې شي

یاره! چې به داسې مقام هم په ژوند کې راشي لا؟
یاره! چې ستا اوښکې ملغلرې به مې هېرې شي

وخت هر څه کولی شي، زه تا رسوا لیدی نه شم
ستا لارې د دې بلا د ویرې به مې هېرې شي

ودرېده په لارکې د ګودر دومره یې وویل
مخې ته مې مه راځه ملګرې به مې هېرې شي

زه چې کلیوال یم نو ارمان مې غرځنې ښه دی
خدای شته که چینه، چنار، نښترې به مې هېرې شي

جمعه، ۱۸، ۱۰، ۲۰۱۳ء

ښه درته پته ده چې څه به کووم
غزل به وایم او ټپه به کووم

زما په هیڅ چا باندې وس نه رسي
خو کشرانو ته غوسه به کووم

تا سرسري کړه مختصره دې کړه
زما زړه ډک دی نو کیسه به کووم

ستا هر ګوزار ته په دې ټینګ کړمه ځان
چې وخت به راشي ګوزاره به کووم

لاسونه نه زما پرې زړه پولې شو
حق یې دی خوږندو له حصه به کووم

ستا د یادونو په واورینو غرونو
ګرځم نو خامخا لمبه به کووم

ته ما پیدا کړې او تا زه راجوړ کړم
خدای شته که بله تجربه به کووم

ژوند حادثې دي زما زړه ترې تور دی
که ترې خلاصېږم نو اسره به کووم ؟

هغه ارمان ارمان ارمان او ارمان
ارمان ارمان ارماني تله به کووم
اتوار، ۲:۲۵ بجې، ۲، ۳، ۲۰۱۴ء

(د موسیقۍ عالمي ورځ)

زما خپله یو دنیا ده، زه د خپلې دنیا خان یم
چا ته زمکه کېږمه خو چا ته به اسمان یم

په دې دومره لوی سفر کې، زه یواځې راروان یم
په والله چې د دې سختو او اهونو ګورستان یم

دا منم چې یم یواځې او ستا مینه مې پکار ده
خو دا سوال داسې یو سوال دی چې د ژبې او بېزان یم

ته رښا یې، ته زما یې، ته زما د ژوند رښا شه
زه که هر څه یم خو واوره زه به ستا د زړه ارمان یم

۳. ۳. ۲۰۱۴ء، پېښور صدر

د ژوندون لو یه حصه مې درله درکړه
څۀ چې خوښ مې وو هغه مې درله درکړه

ما ګمان کوو ما تاله رڼا درکړه
زه تورمخی یم تیاره مې درله درکړه

څه چې در مې کړه هم دغه ماته خاص وو
نور څه نه خو د بېر له زړه مې درله درکړه

زما ژوند څه دی؟ ما کله کله وژني
خوږې مینې څه تراخه مې درله درکړه

په وجود مې دي اور پورې شي چې و مرم
چې دردونه په دې شپه مې درله درکړه

اې د و ببېرمه لاس را ارمان به وکړې
قسمونه د بېر پاخه مې درله درکړه

۹:۳۰ بجې، ۱۰، ۴، ۲۰۱۴ء، دوحه قطر

ما په تا فخر کړی او ما په تا ننګ کړی دی
ما ستا په مینه کې د ځان سره هم جنګ کړی دی

هر څو که کلک یم، زورور یمه او نه سوزمه
خو ستا بېلتون راسره خوي سم د پتنګ کړی دی

ما پرې د امن ګمان کړی خوشحالېږم ورته
کله چې ستا په مړوندونو بنګړو شرنګ کړی دی

ما زړونه وګټل باچا شوم خو بس ته چې نه وې
هیڅ راته کم نه وو خو ژوند مې د ملنګ کړی دی

زه د غمونو مل یم، زه په خوشحالو څه کوم
دومره حساس یم چې دې زړه میرات مې زنګ کړی دی

د بر ځان نانګاره کړم، هېروم دې خو هېرېږې کله
تا په هر څه هر ځای زما د خوښې رنګ کړی دی

ته د ارمان په سر قسم وخوره ته نه تنګېږې
ما ستا نه پس د قسمونو نه هم څنګ کړی دی

جمعرات، سحر ۴ بجې، ۷.۱۱.۲۰۱۳ء

نن سبا مې زړه خفه دی
د هر چا مې زړه خفه دی

تا چې نه وینمه ګرانې !
له دنیا مې زړه خفه دی

ستا په هر کړي دیدن او
په وفا مې زړه خفه دی

تا وې بیا به شي جانانه !
په بیا بیا مې زړه خفه دی

زه به تا ته انتظار کړم
خو رښتیا مې زړه خفه دی

ما ته پته ده ځان لګي
ناروا مې زړه خفه دی

زه تیاره کې ښه یم خیر خو
په رڼا مې زړه خفه دی

هم په ځان باندې خفه یم
هم په تا مې زړه خفه دی

په دې لویه دنیاګۍ کې
بې له تا مې زړه خفه دی

تش په ځان او په ارمان نه
په هر څه مې زړه خفه دی

زیارت، ۷، ۱۱، ۲۰۱۳ء، شمشاد تي وي

څه د غم باران راوریږدو شپه وه
ما ته خپل جانان رایادېدو شپه وه

دغه میاشت او دغه کال مې خوبن نه شو
نن رانه اتل هم بیلېدو شپه وه

ستا هغه یادونه دي او زه سپېره
څنګه به مې یو یو غم زغمو شپه وه

نفل وظیفه وکړم او وژاړم
دغه وس په ځان مې رسېدو شپه وه

هیڅ خبر دې نه راځي نو څه وکړم
تن مې ژړېدو، زړه خوږېدو شپه وه

ته هم لاړې، ته هم لاړې، ته هم ځه
ساه مې خدای زده ولې نه وتو شپه وه

هلته خو یخني هم اورېدله پرېده
کلی مې په خیال کې ګرځېدو شپه وه

ستا خفګان ته هم د تینګې نه ومه
دلته مې خپل زړه میراث چاودو شپه وه

بس که کنه خپل ارمان له نه راځې؟
دا معصوم بچی دې لړزېدو شپه وه

بدهـ، سحر ۵:۴۷ بجې، ۲، ۱۱، ۲۰۱۳ء، پېښور

شوګیره مې تولـه شپه ده تاتـه نښـکارم؟
زنـدګي رانـه خفـه ده، تاتـه نښـکارم؟

داسې نـه ده چې څـه نشـته؟ خوږی نـه شـم
پـه نهـره مـې روژه ده، تاتـه نښـکارم؟

ځانله زړه خورم او پـه دې ځان ډاډه کوم چې
زمـا مینـه عجیبـه ده، تاتـه نښـکارم؟

تـه بـه خنګـه یـې او دا دې څـه چل وکـه؟
څنګ تپوس کړم څنګ ګیله ده، تاته نښکارم؟

ژونـد تېرېـږي پـه خنـدا او ژړا دواړو
ژاړم دا مـې حوصـله ده، تاتـه نښـکارم؟

انتظـار، مینـه، وفـا، صبر او سـتا غـم
دا مـې تولـه اثاثـه ده، تاتـه نښـکارم؟

سـتا ارمـان زمـا د هـر ارمـان ارمـان دی
لویـه سختـه مـې پـه زړه ده، تاتـه نښـکارم؟

سحر ۵:۲۷ بجې، ۱۴، ۱۱، ۲۰۱۳ء، شمشاد تې وي، پېښور

په څه امید د څه لپاره زندګي کومه
خو بس پوهېږه ستا لپاره زندګي کومه

ما د ژوند ټولې خوشحالۍ دي تا سره تړلي
ته مې منزل يې، لا په لاره زندګي کومه

شپه څنګه تېره شوه او ورځ څنګه ده مه کړه تپوس
ډېره بې سُره او بېکاره زندګي کومه

په شته ډک کور کې او په شته نامه جامه کې بې تا
يمه بې موره او بې پلاره زندګي کومه

انتظار ستا دی، رښا ته يې، زه ارمان يمه ستا
سوات نه لغمان تر ننګرهاره زندګي کومه

پېښور، سحر ۶:۴۰ بجې، ۱۸ نومبر ۲۰۱۳ء، شمشاد ټي وي، حيات اباد

مرګ هسې بدنام دی، اې تکلیف خو زندګي ورکئ
مړه چاته څه نه وایي، دردونه خو ژوندي ورکئ

زه به تانه لاړ شمه او ستا سره به بیا هم یم
دې دور کې هم لا څوک دومره قرباني ورکئ

مینه خو هر څوک کوي، مینه هر څوک نه کوي
څوک چاله خپل ژوند ورکئ او څوک چاله ځواني ورکئ

خانده دومره خانده چې ژړا درنه مخ واړوي
داسې لېونو له خلک نوم د لېوني ورکئ

ژوند داسې کوه چې زندګي درته حېرانه شي
مرګ داسې ګڼه لکه چې خدای چاله خاني ورکئ

وتړه ځان وتړه ښه بند په بند ځان وتړه
قېد اوسه پابند شه نو الله خو ازادي ورکئ

خلاص که د دښمن نه په خندا خندا راخلاص که ځان
ستا همت له داد به په کوه قاف کې ښاپېري ورکئ

ما دې ارمان کړی دی، ارمان دې کوم ارمان مې یې
پس له انتظاره به ارمان له ارماني ورکئ

جمعه، سحر ۵:۰۸ بجې، ۸، ۱۱، ۲۰۱۳ء، پېښور صدر

څــوک د هــر څــه نــه وي خبــر خــو بــې خبــر اوده وي
او چــا زمــا شــان شــپه خــوړلي وي ســحر اوده وي

مونږه یا سپي ساتو یا ټوله شپه څوکۍ کړي یو کس
د نــورو خلکــو جنګیــالي هــم پــه ســنګر اوده وي

دا د ســحره پــورې شــپه او جــدایي ظالمــه
لکــه د مــوره چــې نیــازبین بچــی بهــر اوده وي

تــا قســما قســم شــیان وخــوړه څــه غــم دې نشــته
دا فکــر نــه کــوې چــې څــوک بــه نهــر اوده وي

مــونږ پښــتانه غریبانــان وو او هــم داســې بــه مــرو
مالــک بــه وینږ شــي تــر ناوختــه یــې نــوکر اوده وي

تاتــه څــه پتــه لګــي؟ تــا بــې وســي څــه لیــدلې؟
راشــه چــې څنګــه پــه ســرو شــګو مســافر اوده وي

هغــه شــپه خــوب نــه وي ســوچونه وي او زړه خــوړل وي
چــې زه لــه یــاره او یــار لــه مانــه مــرور اوده وي

درد کــه قــلار هــم شــي خــو زړه نــا اشــنا ســوی کــوي
بــس پــه ارمــان ارمــان کــې پــه هنــر اوده وي

هفته، د شپې ۲:۰۷ بجې، ۹، ۱۱، ۲۰۱۳ء، پېښور صدر

تر سحره انتظاره
سراسره انتظاره

ستا به څه خوند وي قلار شه
مختصره انتظاره

اخر داسې شوې چې شومه
مسافره انتظاره

دا سې د پرې شپې قربان شه
ستا د سره انتظاره

زورور مې زړه راتنګ دی
زوروره انتظاره

لږ خو ما سره سلا کړه
يه بې سره انتظاره

ستا په داډ باندې روان يم
ځم په بره انتظاره

ژوند کې د برخه مې بايللي
جوار ګره انتظاره

د تور خم نه تر لغمان تر
ماهيپره انتظاره

د کابل د هغې سره
تر دې سره انتظاره

راسره یې راسره تر
پېښبوره انتظاره

ستا د غمه مې روژه ده
په نهره انتظاره

ډېر لمونځونه مې قضا شو
په کافره انتظاره

زورور دې هم کړل ستړي
په خود سره انتظاره

زه ویرېږم تــه ډاډه یې
زړوره انتظاره

ګوري نه پرهر پرهر يم
بې پرهره انتظاره

خاموشي ده زه او ته يو
نشته ويره انتظاره

چې رانغله جوړې بيا شوه
مروره انتظاره

چې وخت راشي بيا به ګورو
ستمګره انتظاره

خپل ارمان په چنارونو
ډوب کړې لمره انتظاره

هفته، سحر ۵:۴۹ بجې، ۹، ۱۱، ۲۰۱۳ء، پېښور صدر

زما نه لرې مه ځه
اې زوروري ! مه ځه

در ته منت کومه
په زړه کافرې مه ځه

دا خاموشي او يخني
کوه خبرې مه ځه

بارود به توره کړي تا
سپینې کونترې مه څه

پیریان به کینې په تا
میاشت د سپرې مه څه

شعر نه غزل درته وایم
اې سخنورې مه څه

راځه چې بیا واړه شو
جنګوو بکرې مه څه

واه په تیاره کې رڼا
خو مسافرې مه څه

ارمان کوم سوال مې منې
چې د سحرې مه څه
۱۳. ۱۲. ۲۰۱۳ء

چې ته نه یې او ساه اخلمه، ځان راته بد ښکاري
نامه چې د بل چا اخلمه، ځان راته بد ښکاري

ستا مینې زورولی، دردولی دومره یم چې
د چا نه چې سلا اخلمه، ځان راته بد ښکاري

زما وې رانه لاړې، اوس زما یې زما نه یې
نامه چې دې په غلا اخلمه، ځان راته بد ښکاري

د ژوند او ازادۍ په مانا پوهه شوم خو اوس چې
په قرضو باندې ساه اخلمه، ځان راته بد ښکاري

خندا مې خورولـه په خندا مې ځان ساتو اوس
ژړا باندې خندا اخلمه، ځان راته بد ښکاري

اتوار، ۱۵، ۱۲، ۲۰۱۳ء، پېښور

زما سپوږمۍ سم د ماښامه شي زما نه ورکه
لکه دنيا کې چې دنيا شي له دنيا نه ورکه

دغه سپوږمۍ به توله شپه وي خو ستا غم کومه
زما سپوږمۍ ده د وفا او د حيا نه ورکه

يو تاريخ رقم که ما وګټه چې هېر مې نه کړې
زما په ډاډ زما په ذات کې شه هر چا نه ورکه

جمعه، ۱۷، ۱، ۲۰۱۴ء

ته مې ژوند يې په ساګانو کې دې غواړم
موسمونو او هواګانو کې دې غواړم

په لکهاؤ وظيفې به درله کومه
په زرګونو دعاګانو کې دې غواړم

د وطن په هره پوله درته ناست يم
په پردو او په خپلوانو کې دې غواړم

اتوار، ۱۹، ۱، ۲۰۱۴ء

چــې تصــویر دې ښــکلومه
هســـې ځـــان دوکـــه کومـــه

ســـتا پـــه مـــا پـــرواه هـــم نشـــته
زه دې زړه کــــــې ګرځومــــــه

چــې ووځــې حــال راتــه وایــه
تـــا بـــه چرتـــه لټومـــه

مړ مې سپوري ته ګوزار که
دغه سوال درته کومه

داسې مه وایه جانانه!
بې له تا به څه کومه

دا مې یاد دي تا ویل چې
په کمڅو دې ځنګومه

ما وې زر کوه راووځه
تا وې سترګې تورومه

ما وې خوږ وطن مې وران شو
تا وې زه به یې جوړومه

په ارمان مې دې قسم وي
خپل غمونه زیاتومه

●●●

نظمونه

هغه تول بُتان

زه د دې ښار د رنګینو سره بلد نه ومه
زه د دې ښار د تماشو سره بلد نه ومه
زه په دې ښار کې یک تنها ومه د کلي سړی
زه په دې ښار کې په ژړا ومه د کلي سړی
زما په کلي کې سحر وو مازیګر وو شپه وه
کیسه ترخه وه خو د کلي مې هوا خوږه وه
ورو ورو پرې داسې چړق را پرېوت د نظر ښکار شو
سر به دې څه خوږوم خو مونږه لړ او بر ښکار شو
رڼا تیارې ته لاړه
لنده اوږدې ته لاړه

هغه هغې ته لاړه
خوږه ترخې ته لاړه
اخر مو کډې وکړې
بس در په در شو خلک
تږي او نهر شو خلک
کور نه بهر شو خلک
افسوس اوتر شو خلک
په مصیبت کې ویره بل مصیبت جوړوي
زه هم په دغه مصیبت کې مصیبت واخستم
کله هیبت واخستم
کله غیرت واخستم
او ورسره ورسره
سپیره غربت واخستم
کلی مې پرېښو خور او ورور مې پرېښوه
اې لنډه دا چې خوږه مور مې پرېښوه
یو څو یاران وو چې ساتلمه یې
یو څو کسان وو چې رټلمه یې
ژوند تېرېدو بنه پوهېدم په هر څه
پټ پټ به ځانله ژړېدم په هر څه
ما بنه محنت کړی دی
ما بنه همت کړی دی

ما به د ځان په غم کې تړوله تړوله شپه وژړل
ډېر به مې پټ او کله کله په ښکاره وژړل
کله اخبار ته زغله
کله بل کار ته زغله
کله نهر او ده شه
کله بهر او ده شه
کله سندرې جوړول، کله شعرونه لیکل
کله په لاس، کله کتاب کې خپل دردونه لیکل
لږ شانتې امن راغی
زمونږه کډې واپس لاړې او زه ترې پاتې شومه
ماله دې ښار لویه نامه او لوی شهرت راکړی
خو دا منه چا محبت او چا نفرت راکړی
ما د دې ښار نه د تمامې دنیا سېل کړی دی
زه په دې ښار فخر کوم، زه یې شتنه کړی یمه
اوس څه کیسه شوې ده
څه حادثه شوې ده
څو بمه شپه ده چې ویرېږم پکې
مانه اکثر خوارېه دوستان خفه شي
چې دوي رضا کړم نو ورورېان خفه شي
هر څه به ټیک شي خو دا نه ټیک کېږي

چې هیڅ بې هیڅه ترې جانان خفه شي
ما په ټپو کې غم په ګوته کړلو
او غم مې ځان ته ملامته کړلو
خو نن د هر طرفه ما ته ځان بې څوکه ښکاري
ځکه چې ما دغه خطا کړې ده
ما تا سره د خپلې مینې انتها کړې ده
تاله پکار دي چې ازار مې کړې
تاله پکار دي چې سنګسار مې کړې
خو اې افسوس...................
زما په مینه پایېد لیه ! یو ځواب خو راکه
زما د عمر د دردونو لړ حساب خو راکه
چې تا سو ونه پېژندمه که حالات بدل شو ؟
زه هم هغه یم خو ستا سو مینه او خیالات بدل شو
زه به په یو غم کې دا ټول غمونه ونغاړمه
زه به په سر سرتور دې خپل خدای ته وژاړمه
زه به ازار وکړم او زه به ځانله زور ورکړمه
زه به داغونه دې خپل زړه له یو څو نور ورکړمه
زه به دې شته شور له د خپله درده شور ورکړمه
اې زه به چغې کړم او ځان له به پېغور ورکړمه
په خپل ارمان او په اتل به نور شعرونه لیکم

د نن نه پس به په لاس نه د چا نومونه لیکم
که چا تپوس کوو چې هغه ځنګ دی، هغه ځنګه ده؟
زه به دې ښار ته ګوته نه نیسمه
اې زه به یار ته ګوته نه نیسمه
خور، ورور او پلار ته ګوته نه نیسمه
خپل نصیب خوار ته ګوته نه نیسمه
ځواب مې دا دی او حقیقت هم دا دی
زما اخره فېصله دا ده چې
هغه ټول بتان مې مات کړه
هغه ټول یاران مې پرېښوه
چې زما نه به چا پېر وو
زه یې ځان لره لیدلم
چې زه ښاد ومه دوي ښاد وو
اوس زه نه یمه، دوي اباد دي
هغه ټول بتان مې مات کړه
هغه ټول یاران مې پرېښوه

جمعرات، سحر ۲ بجې، ۲۴، ۰۱، ۲۰۱۴ء
(یادګیرنه: د اتل "بتان" نظم په اثر کې)

مینه او منڼه

تا وې دا ډېره ښه ده
ما وې منم درسره
تا وې موږ ټول تا سره
بې حده مینه لرو
زه هم د مینې تږې
ما وکړو ړوند اعتماد
درې کاله او وتل او
زه پکې در په در شوم
د مشرۍ له کوره
څنګ په هنر بهر شوم؟

د بشریت د نعرو
پوړته کونکي خلک
اول پخپله په دې
دوو ټکو نه پوهیږي
په خله د مینې لافې
په زړه کې کرکه نفرت؟

د یو انسان زورول
د یو زړګي ماتول
خپله په مینه مشغول
او بل له ژوند ختمول

مور د شفقت سمبول
پلار د اولاد غمخور
خو دلته داسې نه ده
دلته دا دواړه غلط
کړي په اولاد ظلم
کوم کوم کړم یاد ظلم؟
لور ته انسان نه وائي
زوي ته اسمان وائي
بس په دې ظلم دې خداې
دوي له سزا ورکړي
خور هم د خور په زړه
اکثر کوي لوبې
د بدنیتۍ هغه اور
بس بلوي ژوندۍ ساتي لوبې
چې د حق وخت راشي

ځان بې خبره هم کړي
خلاف خبره هم کړي
ځان زورورا و مروره هم کړي
لکه چې دا رشتنه
هم پایداره نه ده

زور هم د وینو تږې
زور هم د بل د خلې
د یو اوربل د شمن
د بل اوربل د خلې
مشرې ځان غصه کړي
کشر جهان غصه کړي
په خویندو ظلم وکړي
بیا وائي پوهه نه شو
اصل کې مونږ ازلي
درنده ګان غوندې یو
رازدار همراز ملګري
اکثر پکار راځي
خو ځینې داسې هم وي
چې شي اوزګار راځي
ماله په نه خبره

خدای شته چې قار راځي
دا سړی ځکه ښه دی
په ده مې کار راځي
دا هم منم خو بل به
له ده هوښیار راځي

لنډه اوږده دا ده
مونږ دروغژن بې مینې
زمونږه وینې سپینې
ای ربه ته خو څه وینې؟
ځکه مو دا حال دی
تاؤ مو له خیال جال دی
چې په یوه رشته کې
رشته څه؟ ورځ او شپه کې
مونږه مخلصه نه یو
بې حِسه یو وایو بې حِسه نه یو
ما د خوبونو ملِکه بائیللې
ما د شعرونو سِلسله بائیللې
ما په دې ښار کې ورځ او شپه بائیللې
ما ځان ، ما ته ، او ما هغه بائیللې
ما د رشتو په تقدس کې خدایګو
د خوا خوږۍ هره رشته بائیللې

خوند مې د ژوند نه بند په بند تلې دی
ما د خوندونو ذائقه بائيللې
ما د انسان د خوشحالو لپاره
انسان صفته پرښته بائيللې

مينه او مننه کوم
يوه غوښتنه کوم
چې د چا بل چا سره
دا مسخرې مه کوۍ
هر انسان زړه لري صيب
هر څوک بد ښه لري صيب
ته له وطن نه لرې
زه د هر تن نه لرې
ستا نه مې درد ستا نه احساس ستا نه مې غم زيات دی
ځم ! ستا عزت ، زما له ژونده ، محترم زيات دی

د ترونونو تار مې بايلو
مور ، خور ، رور څه چې پلار مې بايلو
ارمان د ژوند شُعار مې بايلو
مسلمانانو يار مې بايلو
خالي څنګلې له ميدانه اووتمه
23-07-2018

اوښکې

اوښکې دښمن د مینې
ته اوښکې مه تویوه
ژړا نفرت راولي
ته اوښکې مه تویوه
دا انسان ولې ژاړي؟
په ژړا زړه سپکوي
زړه راډکېږي په څه؟
زړه په خفګان ډکېږي
خفګان د څه پیداوار؟
غم او ښادۍ نه وتی
خوشحالي غم څنګه شي؟
دا پیداوار د مینې
مینه به څنګ پېژنو؟
امن ته مینه وایي
امن به څوک راولي؟
چې مونږه یو شو کله

مونږ به یو کېږو کله؟
چې کله مینه وکړو
غم نه به خنګه بچ شو؟
چې جدايي وو ژنو
دې له څه حل پکار دی؟
مینه او بې تولې مینه
بیا مې په چل چل ژړې؟
نه،
حوصله درکوم
دا یو درخواست مې منې؟
ته او ښکې مه تویوه
څکه
زه نه غواړم چې
ته په ژړا باندې خپل زړه تش کړې
او
زه درنه هېر شم څکه سوال درته کوم
ته او ښکې مه تویوه
ته او ښکې مه تویوه
ته او ښکې مه تویوه

۳:۳۳ بجې، ۲۲، ۰۱، ۲۰۱۳ء

خفګان

زما او ستا خفګان
سم د دنيا خفګان
وي د هر چا خفګان
لکه زما خفګان
هم په خندا خفګان
هم په ژړا خفګان
راتله دي هم د غم ډک
په مخه ښا خفګان
زه درنه مينه غواړم
خبره سپينه غواړم
ستا هغه مينه نشته
خبره سپينه نشته
ځکه خو زور اخلم
په بيه شور اخلم
ته مې اوس قدر نه کړې
زړه به دې صبر نه کړي
چې څوک سلګۍ وهي
د ژوند د قدر تپوس

لږ د هغو نه وکه
د ډوډۍ قدر د نهر سره وي
د اوبو قدر وي د تږي سره
د دولت قدر د غریب سره وي
د بچو قدر مور او پلار سره وي
د درد تپوس د یو زخمي نه وکه
د مینې قدر د مئین نه زده که
د زرو قدر د زرګر سره وي
د وطن قدر مسافر سره وي
د مور تپوس د یو یتیم نه وکه
چې وي په زړه باندې نیم نیم نه وکه
زه ما شوم شوی یمه
یا خو شوم شوی یمه
تا نه ازاد شومه
قید شوم برباد شومه
یا به ستا مینه ځایولی نه شم
یا به بل هیڅ یو څوک زغملی نه شم
وړه خبره وي خفګان جوړ شي
ماته د هر بُت نه انسان جوړ شي
د هر انسان نه یو حیوان جوړ شي
ما لیونی کړي بیا انسان جوړ شي

ځنګ چې وطن کې بدامني جوړه ده
داسې هر تن کې بدامني جوړه ده
چې زه غریب شمه دنیا خواره شي
که خواره نه وي خو په ما خواره شي
کله وېم دا د چا ازار دی که بښېږي څه وکړم
تا نه چې لرې شمه، شم درته نږدې څه وکړم
بس ته به ځانله او ده کېږې زه به ځانله او سم
نه به په ما کې کار لرې، نه په تا کار لرمه
ته به دا سوچ کوې چې زه به چرته یار لرمه
خو داسې نه ده ګرانې ! نه ده ګرانې داسې نه
ده
مادې خدای مړ کړي خو په زړه کې مې دا سوال تېږه ده
یا به دې هسې زړګی بد وي
یا به دې بل زما نه ښه موندلی وینه

پېښور، ۱ بجه، ۲، ۵، ۲۰۱۳ء

ژړا

اې په ژړا دې کړمه
اې دا سې چل دې وکه
لکه په نیم ژمي کې
سحر په توره خړه
مور خپل ماشوم بچوړی
د کوره وباسي او په قصابانو یې خرخ کړي
اې په ژړا دې کړمه
په زړګي کلک نه ومه
سپک دې کړم سپک نه ومه
د ګړنګونو دې ګوزار کړمه اوس لاس پړقوه
اوس به په ځان باندې نخرې وکړې خو را به نه شم
که دا مې یاد وي او که را هم شم خو ستا به نه شم
زه په رښا پسې سپوږمۍ ته ختم، لمر مې نیوو
او تا زما له قصده پوره اسمان واخستو؟
ما خو د مینې چل زده کړی وو غرور مې زده کوو
خو ماته پته نه وه
چې مینه کې زړونه هم تنګېږي او بوج کېږي خلک؟

بس په ژړا دې کړمه
بېخي تنها دې کړمه
برباد تباه دې کړمه
والله پناه دې کړمه
ستا خوشال خان زه ومه
تاته رحمان زه ومه
ستا پیر روښان زه ومه
سعود ، کاروان زه ومه
دومره په لنډو ټکو
تا وکه مانه انکار
لکه چې نوی شاعر
کړي د حمزه نه انکار
هله راز غله راشه
په خو خو ځله راشه
یوا ځې شوی یمه
وروره اتله ! راشه
هاغه چې تا به ویل نه خپلېږي
هاغه چې ما به ویل ښه خپلېږي
یاره زما هغه دعوې دروغ شوې
دا شوګیرې دروغ شوې ، شپې دروغ شوې

زما لا سونه، زما پښتې دروغ شوې
زړګیه ! ته به کله چوې دروغ شوې
اې په ژړا دې کړمه
ښه شوه جدا دې کړمه
ته داسې وګڼه چې زه هېڅو پیدا نه یمه
زه به دا وګڼم چې زه د سره ستا نه یمه
داسې دې نه پرېدمه، ډاډه به درله هم درکومه
که ته یې اورې او که نه خو دا تپه به کومه
څوک مې د حاله خبر نه شو
لکه سکاره په دوباره انګار له ځمه

منګل، ۷:۱۰ بجې، ۲۴، ۹، ۲۰۱۳ء

جدایي

ستا جدايي کې څه ليکل غواړمه
او تاته داسې څه ويل غواړمه
چې اخر ولې تا زه داسې کړمه
ته به يې منې نه؟ چا زه داسې کړمه
زه د خپل کلي يو خوددار هلک وم
هر غم مې وړلی شو فنکار هلک وم
ماله په کلي کې هم ډېر دردونه
خلکو راکړي وو په زړه داغونه
خو داسې نه وو لکه تا چې راکړه
يا ستا وفا او ستا ښکلا چې راکړه
څه مجبورو په مخه کړی ومه
او څه سيالو په مخه کړی ومه
اې ماته چا ويل چې ښار ته راځه
اې ماته چا وې چې انګار ته راځه
د روغاني بابا اشعار مې ياد وو

نبــار تــه راتلــم پــه تولــه لار مــي يــاد وو
زړګيــه ! ســل ځلــي تــوبې مــې وكــړې
اې پــه خپــل ځــان ســمې كــانې مــې وكــړې
ماســره هيڅــا يــارې كــړې نــه ده
البتــه ډ پــرې يــارانې مــې وكــړې
مــنم چــې ســتا ســره غمونــه ډ پــر وو
ماســره هــر قســمه ســوالونه ډ پــر وو
دوكــه دې نــه كړمــه خطــا مــې وكــړه
مينــه مــې وكــړه، دا ګنــاه مــې وكــړه
اول بــه تــا ماتــه ژړا كولــه
مــا بــه پــه تــا پــورې خنــدا كولــه
اوس زه ژړېږمــه، تــه هــيڅ نــه وايــې
خداى ګــو مــړ كيږمــه، تــه هــيڅ نــه وايــې
تاســره هــر ســړي زيــاتى كــړى دى
ماســره هــر ســړي كمــى كــړى دى
بغيــر لــه تــا نــه مالــه خــوب نــه راځــي
بغيــر لــه مــا نــه تالــه خــوب نــه درځــي
تــه مــا پرېــدې نــه خــو بــس زور اخلــم
اې د هــر خــوا نــه ســتا پېغــور اخلــم

زما یقین نه راځي چې څه به کېږي
ژاړم خدای ته، ته وې ښه به کېږي
اخر د کوم جرم سزا تېروم
چې ژندګي به بې له تا تېروم
زه د کلونو درد پېدلی انسان
د کمرونو غور ځېدلی انسان
هر غم ته زه په رونړ تندي ولاړ یم
کشتۍ ډوبېږي په لرګي ولاړ یم
اوس په هر شعر کې زما کیسه ده
ژړا راځي څه نا اشنا کیسه ده
ماله یو ډاډ یو حوصله پکار ده
ماله زما د زړه تړوتنه پکار ده
داسې څوک شته چې دا بېلتون پوهه کړي
د غم شپېلۍ بند کړي دا شپون پوهه کړي
د نن نه پس لکه یتیم شومه زه
په جدایۍ کې دې نیم نیم شومه زه
اې زه به چا ته خپل حالونه وایم
اې زه به چا ته خپل خیالونه وایم

داسې څوک شته دی چې ما وپېژني؟
شمکور به څنګه دنیا وپېژني
ته خو زما د روح قرار یې ګلې!
ته مې هم کلی یې هم ښار یې ګلې!
ستا به زړه نه چوي چې ما داسې پرېدې
ته خپل جنت او دنیا داسې پرېدې
ما به بلها مسافري کړې ده
ما د ډېر وخت نه شاعري کړې ده
ما د الله په هر کار شکر ویستی
ما کله داسې جدایي کړې ده
دا ننني شپه دې خدای نه تېروي
ما خو په تا بلها خواري کړې ده
تا به د پاک الله نه غواړمه زه
هرې تپې ته به اوس ژاړمه زه
ته داسې مه وایه چې لاړمه زه
په دې تپه نظم رانغاړمه زه
جدایي راغله لاړې دوه شوې
مرګ مې قبول دی جدایي نه قبلومه

هفته، ۰۲، ۱۱، ۲۰۱۳ء

ستا نه لرې یمه

څو یمه شپه ده ستا نه لرې یمه
کمزوری شوی، زوروری یمه
مخکې به هم د شپې نفلونه کړه ما
کله به داسې فریادونه کړه ما
اې اوس په لمونځ کې هم ژړا کومه
ځان مې دی هېر تا ته دعا کومه
ځان د دنیا په کار مشغوله کړمه
خو تنهایي څنګه قبوله کړمه؟
ښه تر ناوخته مې ملګري ناست وي
خبرې کوم، کوي خبرې ناست وي
خو دوي چې لاړ شي خپل خپل کور ته لاړ شي
زما زړه ستا د مینې زور ته لاړ شي
بس بیا زما او زما د زړه خوښه وي
ژړا سلګۍ شي د غم شپه خوښه وي
ما د روزګار غمونه نه ژړوي
ما د خپل یار غمونه ښه ژړوي
تا ته به څنګ زما اواز دررسي
تا ته به څنګ د زړګي راز دررسي
مخکې به زه رېډیو ته تلم ما به سندرې ویلې
ما به ترخې خبرې هم خوږې شکرې ویلې

اې مـا بـه تا سره جنګ وکـه، مـا بـه ځان خفـه کـه
تـا بــه زمـا لپـاره څنګـه هـر انسـان خفـه کـه
اوس که خفه شم نو د چا نه؟ رضا کئ به مې څوک
خندا کړم بیله د ژړا نه؟ نو خندې به مې څوک
تـه څـه خبر یې چې زمـا څنګ زندګي تېرېږي
د ځنکدن هـومره سختي پـه مـا ژوندي تېرېږي
زه نــه تقـدیر مـنم او نــه رالــه تـدبیر راځـي
مالـه ژړا راځي، خفګـان راځي، شوګیر راځـي
چې بې عزتـه شوې نـو خیـال دې د عـزت کومـه
قسـم پـه خـدای چې تا سره دې پـر محبت کومـه
مانــه دې قـام، مـا نــه دې کـور هېـر کـه
مـا نـه دې پـلار، خـور، مـور او ورور هېـر کـه
مــا محبـــت د زړه د تلـــه کـــړی
مــا یــو ځـل نــه پــه څــو څــو ځلـه کـړی
اوښـکې مــې ورو پــه ورو وڅېـږي ګرانــې !
زړه مــې بــې حـده زیـات خـوږېږي ګرانــې !
تــه بــه راځــې نــه تــه بــه مــا نــه وینــې
تــه بــه زمـــا خفګـــان ژړا نـــه وینـــې
هغســـې نـــه یمـــه جانانــه ! غــرق یــم
قسـم پـه خـدای چـې بـې لـه تـا نـه غـرق یـم
اوس هــم دنیــا ســره ســیالي کومــه
څـــه د دروغـــو زنـــدګي کومـــه

زه به تر کومه انتظار کومه
اوس خو ژړا هم نښه په جار کومه
کافر به یم که راله خوب راځي
بې له ما څنګه تا له خوب درځي
تا هم زما په شانتې شپه وخوړه؟
ما د بلا په شانتې شپه وخوړه
ډېره بدرنګه او بې سکونه شپه وه
په ژړا تېره شوه زبونه شپه وه
څه چې محسوس کړمه هغه لیکمه
او خلک وایي اوس شعر ښه لیکمه
سعوده ! تا راته ویلي و شعر بې وسه لیکي
او چې پخپله یې ګویا ژبه شي غوڅه لیکي
هله مې هم منل او اوس درته قسم کومه
څه چې لیکمه نو په ځان اول ماتم کومه
داسې څوک شته چې دا زاري مې تر جانان یوسي
دا فنکاري، دا شاعري مې تر جانان یوسي
زه ستا نه لرې یمه، ډېر لرې یم لرې یمه
نه څه ویلی شم او نه د څه خبرې یمه
خو
قسم دی یاره ته چې نه یې
ناسته ولاړه راله خوند نه راکوینه

پېښور، سحر ۴:۱۰ بجې، ۴، ۱۱، ۲۰۱۳ء

بند و نه

ویرېږمه د ځان نه د خپل سپوري نه هم تنبتم
چې څوک راته په مینه ګوري، لوري نه هم تنبتم

د دې دور جانان راسره ګام په ګام بدلېږي
په دې دور کې مینه هم یو شی دی چې خرڅېږي

چې څومره وخت تېرېږي، درد زیاتېږي زور کمېږي
زړېږي نه زما د ځیګر وینه څکې ځوانېږي

زه تړوله ورځ په دې تمه کې تېره کړم چې شپه شي
چې شپه شي نو بس هره مشغولا رانه خفه شي

د تمې نه اسره شي او اسره چې راسره شي
ما وژړوي وژړوي تمه مې خوره شي

خوشال بابا هم بخت ته زاري کړې د مدد ده
چې تللی یار مې یو ځلې په غېږه کې اوده شي

ډېر لرې لرې لاړ شمه وړوکی شم زلمی شم
په خپل خیال کې پخپله ځان رانغاړم لېونی شم

څه داسې چل پکار دی چې زمانه هر څه هېر شي
که نه هېر ېږي بیا دې ټول غمونه راچاپېر شي

وېم داسې مې دې مات کړي لکه شرمخ چې انسان خوري
جدید دور ته ګوره او ما غمونه د جانان خوري

یو تمه یو امید او یوه لاره مې ملګرې
دروغ وایي غولي مې یو هنداره مې ملګرې

او ما ته ګوره زه په دې دروغو مطمین یم
رنګین نه یم غمګین یمه تریخ شوی یم شېرین یم

بس لږ ساعت له راشي زما ټول غمونه واخلي
راپار مې کړي ژوندی مې کړي او بیا لاسونه واخلي

اوس داسې غوندې شوی یم خندا کې په ژړا شم
په کلي کې چې ورک شمه په ښار کې راپیدا شم

دا ژوند مې انتظار ته غاړه وتی دی روان یم
دا ټول خلک پېریان دي او یو زه پکې انسان یم

چې زه پکې انسان یمه نو زه پکې حېران یم
قدرته ! زه یواځې یم خفه یم پرېشان یم

دا تول پېریان د پوان او انسانان زما ملګري
دا تولې فرښتې او پېغمبران زما ملګري

یو خواست لرم یو عرض کوم چې یار مې راسره شي
شړ شوی یم د سُر او تال خمار مې راسره شي

وفا ، مینه، خلوص، غېرت او ننګ مې ستا پکار دی
ما وژړوه وخندوه جنګ مې ستا پکار دی

چې راشې نو هم ژاړمه چې لاړ شې هم ژړا کړم
لږ صبر کوم نو ځان به درنه عمر له جدا کړم

هېرېږې خو مې نه، خو بیا هم تمه د وفا کړم
په دې تېه به ځانله دا شپه تېره په ژړا کړم
چې
زما به تا ته انتظار وي
که د لحد چینجي مې خاورې کړي هډونه

هفته، ۲:۵۳ بجې، ۱۴. ۱۲. ۲۰۱۳ء، پېښور

پيښور زلمي سندره

تعليم دی که هنر دی
جاري مو لا سفر دی
یو فکر یو نظر دی
که لر دی او که بر دی
په دې د الله شکر دی چې خلق ئې مني
پيښور ځلمي پيښور ځلمي
لر او بر ځلمي پيښور ځلمي

بريا د ټول اولس ده
خفګان مو هم شريک دی
د پيغلو او ځلميو
تاوان مو هم شريک دی
چې کوم پښتون بهر دی
د کوره مسافر دی
ملاتړ مو لکه غر دی
که لر دی او که بر دی
بس پريده چې پښتون نړۍ ته ځان ور وښائي
پيښور ځلمي پيښور ځلمي

ځلمي بیدارول دي
نړۍ ته ورښودل دي
ګټل بائیلل به ګورو
میدان ته راوتل دي
چې قوم مې در په در دی
نو غم ئې را په سر دی
ځلمي زما لښکر دی
که لر دی او که بر دی
د امن پرمختګ او ترقۍ یو ارماني
پیښور ځلمي پیښور ځلمي

هنر ته مو هڅومه
تعلیم درله درکومه
لرۍ خپله لوبډله
ځلمو تاسو پوهومه
په ځان چې یې باور دی
نو هر یو ځلمې نر دی
چې یو شی نو اختر دی
که لر دی او که بر دی
ارمان مه کوۍ اوکړۍ د سیالو سره سیالي

چاربیته

باچا خاني پکار ده

پښتنو داسې خوار و زار ولې يې
په سمه لاره شې بې لار ولې يې
سوچ خو مو شته ستاسو د سوچ ترجماني پکار ده
باچاخاني پکار ده____ باچاخاني پکار ده

خپله پښتو لکه د مور اوساتې
خپله حيا لکه د خور اوساتې
د ښو اخلاقو نمونې شې وروڼو

ځان له په هر کلي کې ورور اوساتی
د نفرتونو نه څه نه جوړیږي
ددې جنګونو نه څه نه جوړیږي
انسانیت او سړیتوب ذده کړی
ددې ظلمونو نه څه نه جوړیږي
تاسو د یو بله وېزار ولې یی
پاتې د مینې له اظهار ولې یی
پښتنه مینه پاکه مینه افغاني پکار ده
باچاخاني پکار ده_____ باچاخاني پکار ده

علم زمونږ د ژوند بنیاد پکار دی
لږ اتفاق او اتحاد پکار دی
سوات کابل کویټه دې څوک نه بیلوي
د هر ظالم خلاف جهاد پکار دی
د خوئیندو مئیندو نه دعا واخلی
دا تیارې ختمې کړی رڼا واخلی
د ځان نه جوړ کړی خدائي خدمتګار
په خپله خاوره د ژوند ساه واخلی
د ژوند په منډه کې ایسار ولې یی
د غلامانو خدمتګار ولې یی

خدایې به مو نه بخښي صحیح مسلماني پکار ده
باچاخاني پکار ده_____ باچاخاني پکار ده

چې ژبه سپکه کړي سپکېږي هغوي
چې ژبه ورکه کړي ورکېږي هغوي
فخرِ افغان بابا پخوا وئیلي
چې نه یو کېږي نو غرقېږي هغوي
مونږ د بابړې شهیدان هېر کړي
مونږه سپېڅلي مشران هېر کړي
مونږ د مېوند ملالۍ نه پېژنو
مونږه افکار د باچاخان هېر کړي
ګناه مو څه ده ګناهګار ولې یۍ
یو بل وژلو ته تیار ولې یۍ
ارمان مې دا هره رشته مې انساني پکار ده
باچاخاني پکار ده_____ باچاخاني پکار ده

10-07-2015

زنځیري غزل

لتا نه په څو وارې شمه ځار لتا قربان
زما خو داسې زړه دی لکه لوې افغانستان

ښکاره جاره ځلور ځایه حیران یمه الله
ښکاره جاره ځلور ځایه حیران یمه
خپل ځان سره وران یمه
سر باندې روان یمه
چرته د بولان یمه
څه ځای کې پټهان یمه
غېره کې حیران یمه
شکر چې افغان یمه الله
ښکاره جاره ځلور ځایه حیران یمه الله
راتلونکو پښتنو ته به ژوند ګران وي که اسان
زما خو داسې زړه دی لکه لوې افغانستان

په تیر عمر دې بیا په ځان مئین کړم لیونی
په تیر عمر دې بیا په ځان مئین کړمه

ورک دې له وطن کړمه
کله به دیدن کړمه
سوچ د پرون نن کړمه
مینې دې غمجن کړمه
مات دې ګلبدن کړمه
غم دې لوغړن کړم لیونۍ
په تیر عمر دې بیا په ځان مئین کړم لیونۍ
زړه ډیر څه راته وائي خو ویریږمه په ځان
زما خو داسې زړه دی لکه لوې افغانستان

دا دومره موده چرته وې جانانه پخېر راغلې
دا دومره موده چرته وې جانانه
خفه ومه بې شانه
د ژوند لوبه وه ګرانه
یو څه واوره لمانه
هنرې ذده کړه ګرانه
په علم شه روښانه
زما د زړه ارمانه پخېر راغلې
دا دومره موده چرته وې جانانه پخېر راغلې
دا ټوله دنیا ستا ده که دې وپیژندو ځان
زما خو داسې زړه دی لکه لوې افغانستان

زه هم فنکار یم

زه هم فنکار یم، زه هم زړه لرمه
د ډېرو یار یم، هیڅوک نه لرمه
زما د سترګې ژوند کیسه دا سې ده
یکې د مینې دا حصه دا سې ده
لکه د ریاب کې او ښکه ورکه نه شي؟
په ما شومتوب کې غریبي ډېره وه
او غریبۍ کې بې وسي ډېره وه
زه هم فنکار یمه د ورانو کوڅو
او قلمکار یمه د ورانو کوڅو
ما مینه نۀ پېژندہ
ما مینه و پېژنده
ما مینه کړې ده منکر نه یمه
مخکې نهر وم او س نهر نه یمه
زه لا د سر د پا سه سر نه یمه

لا خو خپل ځان ته برابر نه يمه
در په در يمه خو بې در نه يمه
مسافر يم خو مسافر نه يمه
غوځ په ځيګر يم خو پرهر نه يمه
ښار يم خو واورئ پېښور نه يمه
زه د يو غم نه لاس په سر نه يمه
زه لا تړون د لراو بر نه يمه
زه د لفظونو جادوګر نه يمه
زه يو فنکار يمه بې وسه فنکار
ما په خپل فن پسې ژړا کړې ده
خلکو په ما پورې خندا کړې ده
زما غربت زما بې وسه ژوندون
زما د هر ارمان سودا کړې ده
ما چرته هم چاته ژړلي نه دي
ما لا د چا نه څه غوښتلي نه دي
ځکه چې دلته خلک فن خوښې فنکار نه
خوښې
دغه الفاظ مې د غني بابا دي
او ورپسې دغه الفاظ زما دي
زه هم فنکار يم، زه هم زړه لرمه

قسم په خدای دی که هیڅ څه لرمه
ذهن مې هسې په چورلک غوندې دی
خونن مې هسې زړه راډک غوندې دی

ته به وی دی د غرونو کلک غوندې دی
خونن مې هسې زړه راډک غوندې دی
راشه په ما باندې نن څه تېرېږي؟
څه چې تېرېږي، خبر دی ښه تېرېږي
ایا زما د مینې دا انجام وو؟
ایا زما د وینې دا انجام وو؟
زه یو فنکار یم خو د خوارې زمکې
د درد بدلې او خونکارې زمکې
دلته فنکار پورې خندا کېږي
او قلمکار کار پورې خندا کېږي
دلته هم دا کېږي هم دا کېږي
اخر په وجه چې د چا کېږي
دلته فنکار پورې خندا کېږي
زما خپل پلار ما سره مینه نه کئ
ما ته یوه خبره سپینه نه کئ
بس دا به وایمه مشران دي خبر دی

خو چې دا خپل درنه په بله واورې
سړی د هر څه نه پخپله واورې
خبرې د ېرې سر يې يو دا دی

چې زه پخپله باندې ځان ورک کړم
او يا په ځان کې دا جهان ورک کړم
زما د غرېمئينان ټول خلک دي
خو دومره ده چې دا د ټول خلک دي
زما هنر ته دوي ګډا کړې ده
زما هنر ته دوي ژړا کړې ده
تل يې په ما پورې خندا کړې ده
زه به نور هيڅ نه وېم خو دا به وايمه
رښتيا مې ويلي دي، رښتيا به وايمه
ښه په ژړا ژړا ژړا به وايمه
ياري خو تا کړه، ما خو نه کړه
او س يې چې لنډه پرېکوې ژړا راځينه
زما په چا هم يقين پاتې نه دی
دلته ټول تور دي، څوک سپين پاتې نه دی
چې ما ازار کړي نو خوشحال به ګرځي
په دې هم شکر دی چې سيال به ګرځي

زه د وطن خلکو له مینه ورکوم
که ضرورت شو خپله وینه ورکوم
افسوس په دې دی چې چا خپل نه کړمه
داسې یو سوال یم چې چا حل نه کړمه
هر چا ارمان کړم، چا اتل نه کړمه
زه له دې غمه اوس لیکل نه کړمه
خو په تلو تلو کې درته دومره وایمه
څه چې کولی شمه هومره وایمه
ستاسو د نبار نه د خپل کلي پوري
د خپل پښتون وجود د څلي پوري
دغه یوه ټپه زما په خوله ده
ځانله به داسې تعویذ وکړم
د یار کو څه به ځان ته توره بلا کړمه

،۲۰۱۲،۰۱،۱۱

●

اوس ډېر ټیټ شوی یمه
اوس مې په هیڅ زړګی نه خوږېږي
اوس د هیڅ نه مرور نه یمه
اوس ډېر ټیټ شوی یمه
مخکې به ما ژړل خفه به و مه
په نه خبره چې غصه به و مه
ماته به پلار یاد ېدو ، مور یاد ېده
بس لوی واړه به مې د کور یاد ېده
ماته به خوښېدو ویل خانه ! ته په ښار کې څه کې؟
ما به خاندل، زه به مُسکی شوم چې پېسې ګټمه
ستا سو ودونو له غم کومه، لاس او پښې وهمه
اوس خفه کېږم ځکه نه چې هر سړی په ځان دی
که زه په ځان شومه نو دا خو د اولس تاوان دی
لږ لږ ټیټ شوی وم خو پته نشته
چا ظالمانو راله بیا د مینې لاس راکه؟
کله به یې خپل کړمه زه، کله به یې ښکل کړمه زه
کله به یې کړمه باچا او کله به یې غل کړمه زه
بلها موده کېږي چې دغه پټ پټونی جوړ دی
خو زه ډېر ټیټ شوی یمه
مانه اکثر خلک تپوس کړي چې په چا مئین یې؟

زه ورته وخاندم او زړه کې وایم چې یو خو نه دی
بلها ځوانۍ تېرې شوې
بلها هستۍ تېرې شوې
زما د ژوند ورځې شپې
څه په نېستۍ څه په تادۍ تېرې شوې
نن دا دی بل کال د ژوند تېر شو ، نوی کال راغی
هم ژړا راغله او هم په زړه کې مې دا خیال راغی
ستا نه مې سوال کوو چې ستا د لوري سوال راغی
ایا ته او س هم ځانله زړه خورې وینبې شپې تېروې؟
بس دغه سوال مې ژړئ
ستا هر یو خیال مې ژړئ
او کال په کال مې ژړئ
یو د ابۍ دادا نه لرې یمه
بل خوا یاران رانه پردي دي
خوبندې او ورونه ځان ځاني خوښوي
د وطن هر غریب خاني خوښوي
نو !
په داسې حال کې به زه څنګه خوشحالي کومه
دا خو لا شکر دی چې ژوند سره سیالي کومه
په ما مئینه ! په ما ګرانه ! یه د ښار جانانه !

کلي ته نه ځې خو چې ځې نو ما ته هيڅ نه وايې
یو کار دې سم نه شي
غم به دې کم نه شي
کم به مې نم نه شي
څه چې لیکم نه شي
خو لنډه دا چې د بر ټیک شوی يمه
دا دی ورځ تېره شوه، شپه تېره شوله
آ پخوانی سخته مې هېره شوله
بې وفا ته نه، بې پروا دې کړمه
چې په خندا شوم په ژړا دې کړمه
زما تیاره کوټه زما خوښه ده
ستا چې څه خوښ دي هغه ستا خوښه ده
څوک رانه مړه شو چا زه پرېښودمه
چا لکه ګل کتاب کې کېښودمه
چا راته وخاندل، چا ما پورې خندا وکړله
چې کله ټیک شومه نو دغه ټپه ما وکړله
هيڅوک د چا د غمه نه مري
شېرینه یاره ! چا دروغ ویلي دينه
۲۱، ۰۴، ۲۰۱۲ء

باور

زما باور ختم شو
زه به په هیڅ اوس باور نه کوم
ما سره ستورو هم دوکې کړي دي
ما له سپوږمۍ هم پېغورونه راکړل
ما له هر چا داسې اورونه راکړل
ما له خپل ورور او خور دردونه راکړل
ما له سندرو پېغورونه راکړل
ما له شعرونو عذابونه راکړل
زما ځواب ما له سوالونه راکړل
ځکه په جار نارې وهمه چې بس
زما باور ختم شو
زما باور ختم شو
په چا باور نه لرم
لا خپل سحر نه لرم
ګرځم خو سر نه لرم
خپل مازیګر نه لرم
زما باور ختم شو
شور لرم شر لرمه

بچي نهر لرمه
نظام کافر لرمه
د پښتون روڼ سحر ته
ژور نظر لرمه
خپل حق به غواړم خو اواز به نه کوم
ځکه اواز په خلکو بدي لګي
اتڼ به کومه خو په ساز به نه کوم
ځکه چې ساز په خلکو بدي لګي
نو زه اوس پټ پټ وایم
زما باور ختم شو
زما باور ختم شو

ما دلته لوی لوی شاعران ولیدل
ما دلته هر څه په ایمان ولیدل
ما د دې خلکو سره ناستې وکړې
ما د پښتو سوداګران ولیدل
ما د ادب سره په مینه مینه
دوکه بازان او دلالان ولیدل
اوس مې د دې کوڅو نه زړه تور شوی
اوس مې د دې کیسو نه زړه تور شوی

ځکه د ځان سره وایم
زما باور ختم شو
زما باور ختم شو

په ما پښتون هم باچاهي وکړله
مونږ پکې خو مره تباهي وکړله
مونږ په هر حال کې شاعري وکړله
مونږه په غلا غلا موسیقي وکړله
لکه یتیم مو زندګي وکړله
مونږه نه غم او نه ښادي وکړله
نو زه د ډېره سوخته
غلي غلي
پټ پټ
په زړه کې وایم چې
زما باور ختم شو
زما باور ختم شو

۲۰، ۵، ۲۰۱۴ء، صدر، پېښور

نیمګړی احساس

هغه تپول بتان ماتومه
ځانله بل څه کار جوړومه

ځان په داسې اور سوزومه
چې ځان ځان ته لوګی کومه

حیثیت ځانله ختمومه
نور د ورکې ژوند خوښومه

اوښکې پرېده چې څڅومه
د ځان مړی به ښخومه

یو جنت به را جوړومه
دا شداد ورته پسخومه

مرګ او ژوند کې مرګ خوښومه
یو نوې لوبه کومه

خوب د هر چا نه تنبستومه
تر سحره ساز غږومه

چرته خاورې به چنومه
مشران به قلارومه

ظالمان به حلالومه
محلونه یې رانړومه

دا قبرونه یې ماتومه
او روحونه یې لړزومه

سم په چغو یې پاڅومه
دغه یو تپوس ترې کومه

چې مئین دې په څو مړکه؟
او وطن دې په څو خرڅ که؟

خپل اواز ته یې ګډومه
مقبرونه یې لرې کومه

چرته شاړو کې یې غورځومه
په ولاړه یې ښخومه

دا وطـــن بـــه مـــانځي کومـــه
دا دروغ بـــه ربښـــتیا کومـــه

رڼـــا تاتـــه تیـــاره کومـــه
تیـــاره ځـــان تـــه رڼـــا کومـــه

د ژونـــد لوبـــه تقســـیمومه
مـــارنـــولي ســـره جنګومـــه

ځـــان د مشـــر نـــه بیلومـــه
ځـــان نـــه کشـــر ازارومـــه

پـــه نهـــره روژه کومـــه
خپلـــه کـــډه راټولومـــه

مینـــې زړه درنـــه صـــبرومه
هـــره ســـخته بـــه تېرومـــه

بـــس ارمانـــه ! تـــا ښـــکلومه
دغـــه ټـــول بتـــان ماتومـــه

۳، ۷، ۲۰۱۴ء، پنځمه روژه، د جمعرات سحر، صدر، پېښور

وخت

تا ماله مینه راکړه
ما تاله وخت درکړو
ستا دې خدای قدر وکړي
ما دې خدای ونه بخښي
زما او ستا څه پرده ده؟
زما او ستا څه کیسه ده؟
راځه یوې شېبې له
چې لږ مشغول شو یاره !
چې څو مره وخت مو وشو؟
راځه چې وخت او مینه وتلو لږ
چې تا د هر څه راکړي
که ما د هر څه بایېللي
خو !
د حساب نه مخکې
د دغې باب نه مخکې
ښه او خراب نه مخکې
ستا د جواب نه مخکې
عرض کوم ګلابه !

ځان پوهوم ګلا به !
څه خو به ته هم وې خو
بس خفه کېږې به نه
صفا صفا به وایم
والله رښتیا به وایم
او حقیقت دا دی چې
رښتیا ډېر زیات تراخه وي
اول به تاله راشم
نو بیا به ماله راشم
تا سوال د مینې کوو
ما درله وخت درکړو
تا خیال د مینې کوو
ما درله وخت درکړو
بلها کلونه تېر شو
ښه بد وختونه تېر شو
لوی فسادونه تېر شو
ژوند وو جنګونه تېر شو
د سوات په جنګ کې هم مونږ دواړه خفه
د ذات په جنګ کې هم مونږ دواړه خفه
تاله بدلون پکار دی

ماله سکون پکار دی
ستا اوس هر خوي پېرنګی
ماله پښتون پکار دی
مینه او وخت دواړه روان دي خپر دی
ستا واړه بد في الحال منلي ما په ځان دي خپر دی
اوس ته هم مینه کوې، هم تا سره وخت نشته
ماسره ستا لپاره، وخت هم شته او مینه کوم
اوس ستا کارونه ډېر دي
اې ستا سوچونه ډېر دي
دلته به دا متل پکار راولم
چې څو پېږۍ وي نو بس سرونه ډېر دي
اول به ما تا ته وې ژوند جوړ که ما مه بدلوه
او اوس ته ما ته وایې ژوند کوه په ما څه کوې؟
بس دې خبرې له راغلی یمه
وخت مې برباد شو ځکه غلی یمه
ستا په خبرو کې جنت خو نه وو
بیا دې هم زه په زړه داغلی یمه
زه تا رټلی تا وژلی یمه
زه تا په میاشتو ژړولی یمه
زه تا په مینه خندولی یمه

زه تا په خپل وخت ښه زورلی یمه
زه تا منلی، قدرولی یمه
زه تا د هر څه اړولی یمه
خو ما هم تا سره ډېر څه لیدلي
ما تا سره د ژوند خواږه لیدلي
خدای خبر تا نن سبا څه لیدلي؟
زه د ژوند لویه تجربه لرمه
زه ستا د مینې قیمت نه لرمه
ما سره هیڅ نه وو بس وخت مې لرو
افسوس په دې چې تا ته نه ښکارېدو
بس تا ته ځان هر څه نه ښه ښکارېدو
او زما وخت درته وخت نه ښکارېدو؟
نن درته څکه زه د ډېره سوځته
په خندا کېږم او په چغو وایم
تا مینه وبایېله ما وخت خراب که
په دې تېپه مې درله خلاص حساب که
چې تا راکړي ما خوړلي
د یارانې په کور کې نه وي حسابونه
د اتوار سحر، ۷:۰۴ بجې، ۲، ۳، ۲۰۱۴ء

ننبې

اوس مې د ځانه نفرت شوی غونډۍ
زه لا په ځان باندې مئین کله وم؟

ستا ټولې ننبې به سنبال ساتمه
لکه چې څنګه مې سنبال ساتلې
اوس هم په جیب کې ستا د سمال ساتمه
ما دې عکسونه هم په خیال ساتلي

ما د دردونو خزانې جمع کړې
ما د پرې ماتې آئینې جمع کړې
ستا د بېلتون سره بې خانه یمه
ما بلها اوښکې دردانې جمع کړې

چې څو زغملی شمه، پړ یم درته
هیڅ به هم نه وایمه، مړ یم درته
سوات ته راځه، هلته دې کور هم شته دی
د ملاکنډ غونډې سر لوړ یم درته

آ زما ننبې دې ساتلې؟ شته دی؟
ما چې لیکونه درلیږلي شته دی؟

آچې د وصل هجر ډکه شپه کې
کوم تصویرونه دي ویستلي شته دی؟

که وي نو وګنه چې زه هم یمه
درنه په زړه کې بښه خفه هم یمه
ستا امتحان ماته د سر خطره وه
تا له راغلی زه په شپه هم یمه

دې یو خفګان ته مې خفګان ووایه
ماته په ډکه خوله جانان ووایه
اوس مې د ځانه نفرت شوی غوندې
ستا دې قسم وي ماته خان ووایه

زه لا په ځان باندې مئین کله وم؟
ماته په ځار او په قربان ووایه
نن ډېر خفه یمه او ډېر یواځې
بس که پوره مې که ارمان ووایه

په انتظار او هنداره دې قسم
چې ماته بیا هغسې خان ووایه

منګل، ۱۴، ۱۰، ۲۰۱۴ء، پېښور صدر

ژوند

ژونـد يــو درې رکعاتـه لمـونځ دی
ژونـد يــو درې رکعاتـه لمـونځ دی
درې رکعاتـه شپږ سجدې دي
ګوره دوه پکې قاعدې دي
درې رکـوع، درې خَـل قيـام
تېـر کـړه ژوند پـه احتـرام
ژونـدون دی خـان پېژنـدنـه
تنبته مـۀ لـه دې لمانځـه نـه
لمـونځ تــه خـان تيـارول دي
او قبلـي تـه مـخ کـول دي
ژونـدون خـان هـم پېژنـد ل دي
لمـونځ ثنـا صـفت کـول دي
ژونـد يــو درې رکعاتـه لمـونځ دی
ژونـد يــو درې رکعاتـه لمـونځ دی
درې رکعاتـه يـې نمونـه ده
ژونـد خـو پټـه خزانـه ده

وتر، نفل او سنت
ورسره انسانیت
درې رکعاته درې دورونه
ژوند او مرګ او حسابونه
نن، سبا او تېر پرون
درې رکعاته دی ژوندون
ښکته کېږه، پورته کېږه
د الله سره غږېږه
د خپل ځان نه مه وېرېږه
ورځې درې دي سم چلېږه
که صحیح صحیح دې ووې
مطمین به دې زړګی وي
که دې هسې ترې ځان خلاص کړو
نو ناراضه به خدای وي
که الله رضا کوې
نو خپل نفس به قېد وې
ځکه، ژوند دی درې رکعاته
ترې خبر یم وایم تاته
لوی الله ته به سجده کړې
له هیڅ چا به تمه نه کړې

چي الله درنه خفه وي
ته به داسي ژوندون څه کړي؟
ورځ رکعات دی، رکعات ژوند دی
په اول رکعات کې خوند دی
ستا دوېم رکعات ځواني ده
او دا لمونځ دې پوره ژوند دی
خلک وايي ژوند کې خوند دی
په خوند څه؟ درې ورځې ژوند دی
ژوند رکوع ده، ژوند قیام
په سجده کې دی ارام
په قاعده کې يې ځان ته ياد که
سم په زړه کې يې ځان ته ياد که
لمونځ چې وشي ژوند تمام وي
اخري عمل سلام وي
ورځ شروع شي له سحره
ختمېده يې په ماښام وي
دغه لمونځ به دې پاڅئ
نېک عمل به دې خلاصئ
خلک لاړل يې يواځې
خپل عمل ته به موتازيې

اوس خبر شوې چې ژوند څه دی؟
د دې خوشې کور خوند څه دی
ژوندون وو هم درې رکعاته
دا تپه وکړمه چاته؟
څان ته یې وکړمه که تا ته
خبر دی وه به یې کړم دنیا ته
چې
د دنیا درې ورځې ژوندون دی
پرون راغلې، نن دلې، سبا به څونه

د جمعې ورځ، سحر ۷:۱۰ بجې، ۱۰، ۴، ۲۰۱۵م، پېښنور صدر

ټپیزې

لاچې لونګ لالي چنار کړې
مسافرو نه یې وزګار کړې
وطن کې امن او بهار کړې
خالقه ! بیا د دنیا وار کړې
چې ورونه خوېندې سره وکړي دیدنونه

بلا خبرې مې په زړه دي
یم مسافر اختر کې څه دي
یادونه ستا مې مېلمانه دي
بنګړي دې اوس هم راسره دي
ماتې تو تې یې بنګلوم تا یادومه

یا چې ته پوهه په پښتو وې
یا دا زما زړه د کتو وې
چې لېوني دې د کوڅو وې
که زړه ته لار د کوزېدو وې
ما به د یار په زړه کې کور جوړ کړی وونه

ژمی دې ښار او ړی دې سوات شه
مینه دې ژوند حسن دې زیات شه
بې لوظه مړ مې که جلات شه
ستا د راتلو لوظ میرات شه
زه دې د ګوتو په شمارلو ستړی کړمه

هم مې ښایست هم مې ځواني ده
نصیب مې خوار دی ځان ځاني ده
د جونو برخه تاواني ده
خدایه ! دا څه مسلماني ده
زما حق نه منې عمرې له به د رځینه

شال مې د کونډې په مخ ولید
کال مې د کونډې په مخ ولید
سوال مې د کونډې په مخ ولید
خال مې د کونډې په مخ ولید
پېغلې له ښایي چې پنځه کېدي خالونه

کله او تر د خوبه پاڅم
کله په لمر د خوبه پاڅم
وکړه باور د خوبه پاڅم
زه چې سحر د خوبه پاڅم
د کلیمې سره دې سمه یادومه

نن به هم تبر شي سبا شته دی
لا په وجود کې مې ساه شته دی
د خور او مور چې دعا شته دی
زما د رزق الله شته دی
ګټلی مال به په جانان تالاکومه

تا به د چا په سر کوله
خندا یې زما په سر کوله
خلکو ګناه په سر کوله
پښتو مې ستا په سر کوله
ته بې پښتو شوې اوس پښتو څه له کومه

په نه خبره يې خفګان جوړ که
ماته يې د ځانه اسمان جوړ که
داسې يې د عمر تاوان جوړ که
مسافری ته دې ځان جوړ که
چاره راواخله ما حلاله که مئينه

کومه نه دښمنی تاؤ دی
غم کې دې يم په ښادی تاؤ دی
شوم لېونی لېونی تاؤ دی
دا واړه ستا د ياری تاؤ دی
که په مابڼ کې واورې خورم له تندې مرمه

سمسور وربل دې رانه هېر که
ټپه غزل دې رانه هېر که
ښکلی کابل دې رانه هېر که
جانانه چل دې رانه هېر که
پخوانی وخت چې مې راياد شي وژاړمه

یار په یارانو خفه کېږي
په انسانانو خفه کېږي
پلار په بچیانو خفه کېږي
ځوان په ځوانانو خفه کېږي
د جینکو چې منګی مات شي وژاړینه

خدایه چې ټول عمر سکون وي
یا خو چې عمر له بېلتون وي
دا سرخوړلی زړه پښتون وي
چې اول مرګ وي بیا ژوندون وي
چې رامعلوم وي د پردو خپلو نیتونه

خلک به د پر درنه چاپېر وي
زاړه وختونه به دې هېر وي
زړه به دې بل بل شانتې ګېر وي
ارمان به وکړې وخت به تېر وي
خلک به د پر وي څوک به لاس نه درکوینه

چې مسافر شو روانېږي
رومال ته يې ګورم راياد پرېږي
زما پرې زړه سم راتولېږي
د پره ګيله مې ورنه کېږي
جانان زما دی شپه د نورو چم ته وړينه

ستا په ښکالو مې زړه شکي شو
لاس مې په خپله په تندي شو
صبر تمام مې د زړګي شو
مخ مې د غمه تېرسري شو
د جانان غم مې د خرمنې وو تننه

د ګلاب ګله جرګه وکه
راشه په خپله جرګه وکه
بس مکمله جرګه وکه
په پلار مې بله جرګه وکه
که در يې نه کړم په وړومبي چربانګ به ځونه

د ژوند محل مې رانړېږي
باران د غم پرې راورېږي
زړه مې بې واره شان درزېږي
یار بل وطن ته روانېږي
په غرغره ننتکی مې چړ د اوښکو ځینه

که ننګرهار دی که خیبر دی
ښایست د دواړو برابر دی
د مسافرو خدای خبر دی
زما پنځه وروڼه ښادر دی
که زه سرتوره پکې ځم پته به یمه

خیال مې پنځم اسمان ته لاړو
د مینې بل جهان ته لاړو
زړه لېوني ارمان ته لاړو
فکر مې تول جانان ته لاړو
په رکعاتونو کې حیرانه ودرېدمه

مینه او مننه ◈ ◈ کرن خان

خلکو به ویل چې مینه مه کړه
بیا مې هم خوښه د خپل زړه کړه
هسې مې سپین درته ویښته کړه
ستا یارانې خوارېه رانه کړه
د بل د پاره دې هوښیار د عمر کړمه

چې ستا کوڅې ته مخامخ شم
لکه کعبې ته مخامخ شم
بس زمانې ته مخامخ شم
چې ائینې ته مخامخ شم
په ځان خفه شمه ښېرې درته کومه

هر خواته ویره او وحشت دی
څه ناپوهي او څه غربت دی
د غریبانو خوار قسمت دی
بچیه د علم ضرورت دی
نن دې ښوونځي کې خامخا داخلومه

ګلی مې خوښ دی ګلی ښه دی
ملګرو ګلي کې مې زړه دی
زما جانان زما هر څه دی
الله عالم دی ظالم نه دی
د وړوکوالي بد به نه لیکي مئینه

ستا محلونه او خاني شوه
زما په برخه غریبي شوه
بیله زمونږ ګلي والي شوه
څنګه قلاره قلاري شوه
چې لېوني جانان مې ورک د ملکه شونه

امن به راشي ورک به غم شي
وطن به ټول شړشم شړشم شي
د مسافرو غم به کم شي
که سړی د بر په زړه محکم شي
چې د جانان د غېږې ځي ژړا کوینه

اسمان تـه گورمـه پرقیـږي
سـتوري رڼـا کـوي ځلیـږي
پـه مـا دا شـپه نـه سبا کیـږي
وس مـې پـه هیڅـا نـه رسیږي
ظلـم پـه خپـل زړګـي کـوم بد رنګـه شـومه

چې چا پسـې د مور دعا شي
کـه وي ګـدا هغـه باچـا شـي
واريې په یو دوه کې خطا شي
د جانـان غـم چې پـه چا راشي
که د لقمان په کور کې پروت وي مرږ بـه شـینه

جنګ دی پردی باور پرې وکـه
دلتـه څـه شتی بـاور پـرې وکـه
ځار په یو ځای بـاور پـرې وکـه
قسم پـه خدای بـاور پـرې وکـه
کـه ستا پـه شـان مینـه مـې بـل چـا سـره وینـه

په لوړو غرو باران ورېږي
داسې ورو ورو باران ورېږي
دا به تر څو باران ورېږي
که په شپېو باران ورېږي
زما په خپل جانان باور دی را به شینه

لاس په دعا درته ابې کړه
په تندي ښکل وره لورکې کړه
مه چاته سوال او مه زارۍ کړه
مسافري په بې غمۍ کړه
زه پښتنه یم په نامه دې ناسته یمه

خواران په لوږو خفه کېږي
هر شان په لوږو خفه کېږي
قربان په لوږو خفه کېږي
پلاران په لوږو خفه کېږي
بې وسه لوږه یې دعا کې یادوینه

ښایسته کابل وطن ته راشه
څه په چل ول وطن ته راشه
بس مکمل وطن ته راشه
جانانه ! خپل وطن ته راشه
دلته دا بندې دروازې مې ژړوینه

خوشو مېرو خوړلیه یاره !
اې مزدورو خوړلیه یاره !
ځار شوګېرو خوړلیه یاره !
مسافرو خوړلیه یاره !
ستا د خولو نه د عنبرو بوي راځینه

اول به ستا کډې په سر وې
بیا به زما کډې په سر وې
اوس د هر چا کډې په سر وې
زما پخوا کډې په سر وې
سرنی کال مې ستا دیدن ته تېرونه

د خدای ساده د کوره ورکه
یمه خفه د کوره ورکه
بس که راځه د کوره ورکه
په سره غرمه د کوره ورکه
کور ته راځه ابی دې ما بدناموینه

شولې بې ځایه مانه پاتې
خلکو ته ښایه مانه پاتې
کاروان دې بیایه مانه پاتې
ته سبق وایه مانه پاتې
ته به افسر شې زه به خاورې ایرې شمه

په ورځ او شپه دردونه تېر کړم
بل په کاله دردونه تېر کړم
ستا نه به ښه دردونه تېر کړم
پټ به په زړه دردونه تېر کړم
بې درده تا ته به ونه وایم حالونه

داسې وفا مې پکار نه ده
داسې حیا مې پکار نه ده
او دا دنیا مې پکار نه ده
د کور خندا مې پکار نه ده
منګې به واخلم په ګودر به وژاړمه

اوس مې په زړه کې ارمان نشته
خدایګو هیڅ خوند د جهان نشته
رباب منګې او یاران نشته
زما نصیب کې جانان نشته
که د تعویذ په ځای مُلا په غاړه کړمه

چې ته راځې سندرې خوند کړي
خوږې خوږې سندرې خوند کړي
سوې تېپې سندرې خوند کړي
د نیمې شپې سندرې خوند کړي
څوک به مئین وي چا به یار بایللی وینه

مئین په مینه او وفا یې
ځکه خو خوښ ته د هر چا یې
چې لرا او بر پښتانه ستا یې
زما خو ژوند زما خو سا یې
چې ستا به خه یمه کرل رېبل کومه

کاش که وطن کې مو شر نه وي
نو زه به هم مسافر نه وي
داسې پیکه به اختر نه وي
که مې دادا جوارګر نه وي
تا به په ما پسې وې کړي ارمانونه

ما به وې تا تنور لمبه که
تا به وې تا تنور لمبه که
نن ګوری چا تنور لمبه که
لېونی بیا تنور لمبه که
د ډوډۍ تپ یې څوار لسم کلي ته ځینه

دنګ چنارونه په ژړا شو
بس ګودرونه په ژړا شو
درد نه لفظونه په ژړا شو
په حال مې غرونه په ژړا شو
نښه يې دا ده چې سيندونه ترې راځينه

يا مې دادا زړه ته کتلې
يا مې بابا زړه ته کتلې
يا مې دنيا زړه ته کتلې
که تا زما زړه ته کتلې
زه به دا سوې شونډې ولې ګرځېدمه

د سره تېر په ما مئين دي
ځان ترې وي هېر په ما مئين دي
غم کې دي ګېر په ما مئين دي
ستا په شان ډېر په ما مئين دي
زړګی مې يو دی زه به يې چا له ورکومه

نادانه ! وه مې غولولې
ارمانه ! وه مې غولولې
يه خانه ! وه مې غولولې
جانانه ! وه مې غولولې
ته مې مئين کړې زه قلاره کېنا ستمه

زما تصوير تهوتې توتې که
هغه تهوتې په اور پسې که
سحر مابنام راته ښېرې که
واپس مې ښې ښاني که
په جار نعرې که چې ياري دې نه کومه

ګل او ګلزار پکې ښکارېږي
درد او پرهار پکې ښکارېږي
بېلتون هوښيار پکې ښکارېږي
تصوير د يار پکې ښکارېږي
د تصور شيشه چې زړه ته ونيسمه

که په رښا که په تیاره ځي
زما د سترګو نه اوبه ځي
چې زه ژوندی یم دی په څه ځي
جانان دې بل وطن ته نه ځي
دا خپل پېزوان د مارګلي په کنډو ږدمه

چې چرته ځې به درسره یم
ذرې ذرې به درسره یم
زلفې خورې به درسره یم
تر مارګلې به درسره یم
نور دې په اخوا الله مل شه مسافره

را شه حساب راسره وکه
که پره دې کړم نو بیا مې مړه که
ربه ! قبوله دا ښېره که
خدای دې د زړه په رنځ اخته که
چې تر لندنه دې ونه شي علاجونه

ستا د یارۍ مېرمنه واخلم
د غریبۍ مېرمنه واخلم
د ژوندګۍ مېرمنه واخلم
د ناچارۍ مېرمنه واخلم
په مُلا بانګ پردي وروڼه تکومه

ساه مې اوځي دیدن مې وکه
راوړه بنګړي دیدن مې وکه
ببلتون راځي دیدن مې وکه
بس اخري دیدن مې وکه
زمونږه کېدې سبا بل وطن ته ځینه

زاري قبوله به مو خدای کړي
وطن به بیا سپرلی کړي
ببلتون لمبه غم به لوګی کړي
خدای به مو بیا سره یو ځای کړي
د سمال راواخله اوښکې پاکې کړه مئینه

چرته پېدا شو چرته ځوان شو
مئين په لوی افغانستان شو
د هندوستانه راروان شو
په سپينه ږيره مسلمان شو
هندو چې ولوستل د حورو کتابونه

کره دې سرتوره خور ټوپکه
زړه شو سوری د مور ټوپکه
ورور نه دې بيل کړو ورور ټوپکه
په اور پسې شي تور ټوپکه
زما د سرو شونډو لالی خاورو له ځينه

د ناپوهۍ جنګونه ډېر شو
هر ځای کې مرو ظلمونه ډېر شو
په پښتنو غمونه ډېر شو
دا بې ګناه مرګونه ډېر شو
جانان ته وايئ چې وختي کور ته راځينه